D1035497

Gabriel García Márquez

Gabriel García Márquez
El vicio incurable de contar

Conrado Zuluaga

Zuluaga Osorio, Conrado
Gabriel García Márquez / Conrado Zuluaga Osorio. — Bogotá: Panamericana Editorial, 2005.
144 p. ; 21 cm. — (Personajes)
ISBN 958-30-1959-3
1. García Márquez, Gabriel, 1927- 2. García Márquez, Gabriel, 1927- Crítica e interpretación 3. Autores colombianos - Biografías I. Tít. II Serie.
928.6 cd 15 ed.
AJE7303

CEP-Banco de la República-Biblioteca Luis Ángel Arango

Editor
Panamericana Editorial Ltda.

Dirección editorial
Conrado Zuluaga

Edición
Javier R. Mahecha López

Diseño, diagramación e investigación gráfica
Editorial El Malpensante

Cubierta: Gabriel García Márquez © Graciela Iturbide

Primera edición, noviembre de 2005
© Panamericana Editorial Ltda.
Texto: Conrado Zuluaga
Calle 12 N° 34-20, Tels.: 3603077—2770100
Fax: (57 1) 2373805

Correo electrónico: panaedit@panamericanaeditorial.com
www.panamericanaeditorial.com
Bogotá D. C., Colombia

ISBN 958-30-1959-3

Todos los derechos reservados.
Prohibida su reproducción total o parcial
por cualquier medio sin permiso del Editor.

Impreso por Panamericana Formas e Impresos S. A.
Calle 65 N° 95-28, Tels.: 4302110—4300355, Fax: (57 1) 2763008
Quien sólo actúa como impresor.
Impreso en Colombia
Printed in Colombia

“Nunca hablo de literatura,
porque no sé lo que es,
y además, estoy convencido
de que el mundo sería igual
sin ella”.

Gabriel García Márquez

MI VOCACIÓN ES LA DE PRESTIDIGITADOR

"Yo, señor, me llamo Gabriel García Márquez. Lo siento, a mí tampoco me gusta ese nombre, porque es una sarta de lugares comunes que nunca he logrado identificar conmigo. Nací en Aracataca, Colombia. Mi signo es Piscis y mi mujer es Mercedes. Estas son las dos cosas más importantes que me han ocurrido en la vida, porque gracias a ellas, al menos hasta ahora, he logrado sobrevivir escribiendo".

Estas son las primeras líneas de una de las páginas menos populares de las escritas por García Márquez. Tal vez porque no se encuentran en ninguna de sus célebres novelas o de sus reconocidos libros de cuentos, ni siquiera en sus recientes memorias. Se hallan en el libro *Retratos y autorretratos,* de las fotógrafas Sara Facio y Alicia D'Amico, aparecido hace más de treinta años en Buenos Aires. Los retratos son realizaciones de ellas; los autorretratos, de ellos, de los escritores latinoamericanos muy de moda en ese momento. Algunos recurrieron al silencio, como Juan Rulfo, y la página apareció en blanco; otros, a textos de sus libros, como Octavio Paz; pero varios, entre ellos Juan Carlos Onetti y Gabriel García Márquez, escribieron sus propias y desenfadadas semblanzas.

"Soy escritor por timidez. Mi verdadera vocación —continúa el hijo del telegrafista de Aracataca— es la de prestidigitador, pero me ofusco tanto tratando de hacer un truco, que he tenido que refugiarme en la soledad de la literatura. Ambas actividades, en todo caso, conducen a lo único que me ha interesado desde niño: que mis amigos me quieran más". Para aquellos que han seguido de cerca su trayectoria les bastará con recordar algunas de sus reiteradas declaraciones para comprobar que el escritor, aunque los autores "mienten todo el tiempo", en este caso particular dice la verdad. Dibujante en paredes en el cuarto de la platería, prestidigitador de salón en la niñez, pianista o acordeonero mayor en la adolescencia, vendedor de enciclopedias, poeta, cineasta, contador de cuentos o escritor de fábula, una de sus más firmes motivaciones ha sido siempre esa definida aspiración: que los amigos lo quieran más.

Uno de los episodios que mejor reveló el temperamento del escritor colombiano y que definiría una línea de conducta inquebrantable en su posterior trayectoria pública tuvo lugar en Caracas. El autor llegó a la capital venezolana con el propósito de pronunciar una conferencia ante un numeroso público. Su popularidad efervescente —así como la de *Cien años de soledad*— había desbordado cualquier previsión. Cuando García Márquez se presentó ante el auditorio, allí descubrió que no tenía nada qué decirles o, peor aún, que lo que había pensado decir ya no lo convencía ni siquiera a él mismo, que desconocía por completo los mecanismos de este tipo de confrontaciones, que a la pregunta más elemental y concreta él contestaba con un cuento que podría extenderse de manera indefinida. Entonces, en su afán por controlar una situación que por momentos se le escapaba de las manos —circunstancia que no volvería a suceder nunca más— invirtió los términos de la relación e interrogó al público que abarrotaba la sala:

> (...) les puedo contar, por ejemplo, cómo empecé a escribir. A mí nunca se me había ocurrido que pudiera ser escritor pero, en mis tiempos de estudiante, Eduardo Zalamea Borda, director del suplemento literario de *El Espectador*, de Bogotá, publicó una nota donde decía que las nuevas generaciones de escritores no merecían nada, que no se veía por ninguna parte un nuevo cuentista ni un nuevo novelista. Y concluía afirmando que a él se le reprochaba porque en su periódico no publicaba sino firmas muy conocidas de escritores viejos y nada de jóvenes en cambio, cuando la verdad —dijo— es que no hay jóvenes que escriban. A mí me salió entonces un sentimiento de solidaridad con mi generación y decidí escribir un cuento, no más para taparle la boca a Eduardo Zalamea Borda que era mi gran amigo, o al menos que después llego a ser mi gran amigo. Me senté, escribí el cuento, lo mandé a *El Espectador*, y el segundo susto lo obtuve el domingo siguiente cuando abrí el periódico y a toda página estaba mi cuento con una nota donde Eduardo Zalamea Borda reconocía que se había equivocado, porque evidentemente "con ese cuento surgía el genio de la literatura colombiana" o algo parecido. Esta vez sí que me enfermé y me dije: "¡En qué lío me he metido! ¿Y ahora qué hago para no hacer quedar mal a Eduardo Zalamea Borda?" Seguir escribiendo era la respuesta (*El Espectador*, Bogotá, 03.05.70).

García Márquez, antes que un escritor por vocación, lo es por un compromiso, casi podría decirse, por una apuesta, por un pulso entre Eduardo Zalamea y el joven estudiante universitario. Más temprano que tarde, el lector comprenderá que el escritor colombiano se ha encargado de ir mezclando ficción y realidad en torno a su propia trayectoria hasta un punto en que es imposible por completo establecer la línea de separación. Decidir, a cualquier edad, ser escritor es una apuesta consigo mismo. Volverla pública es apenas un colofón de la misma cuestión. Pero aquí no termina este asunto. Quienes escarben en los periódicos de la época encontrarán el cuento *La tercera resignación* en la página 8 del suplemento *Fin de semana*, correspondiente al sábado 13 de septiembre de 1947. Lo que no encontrarán por ninguna parte en ese número es la nota del director del suplemento pidiendo disculpas a los lectores, porque sí había escritores jóvenes de talento que valía la pena publicar. La nota existe, sólo que apareció seis años más tarde cuando el escritor ganó el Primer Premio de la Asociación de Escritores y Artistas de Colombia con su cuento *Un día después del sábado*. A raíz de esa distinción, Zalamea hizo una referencia en su columna diaria "La ciudad y el mundo" —que firmaba con el seudónimo de Ulises— al joven autor recién descubierto, y en ella sostenía que García Márquez era el mejor escritor colombiano en muchos años a la redonda.

La confrontación con el público vivida en Caracas —enfrentarse a un auditorio que espera de él que hable de sí mismo, que teorice un poco sobre su oficio, que valore el trabajo de sus colegas y que vaticine el porvenir de la literatura— condujo a otra determinación tan importante como la de seguir escribiendo: nunca más volvería a participar en una conferencia ni haría parte de mesas redondas o exposiciones académicas. Él era, y lo sigue siendo hoy para fortuna de todos sus lectores, un narrador, un contador de historias.

Gabriel García Márquez, *Gabo,* como lo conoce todo el mundo, tanto sus amigos como quienes nunca en la vida se han cruzado una sola palabra con él, nació en 1927 en Aracataca. Sus padres, Luisa Santiaga Márquez y Gabriel Eligio García, habían tenido que sortear la oposición cerrada de los padres de ella, el coronel Nicolás Ricardo Márquez Mejía, *Papalelo*, y Tranquilina Iguarán, *Mina*, quienes comulgaban con obstinación atávica, como sigue ocurriendo hoy en día en muchos lugares, de que todo novio es un intruso. Este noviazgo de amores contrariados, como muy bien lo definió el novelista en alguna ocasión, con el cerco feroz de los padres de ella que la fueron aislando hasta que la sustrajeron de Aracataca y se la llevaron en un viaje por las estribaciones de la Sierra Nevada, están convertidos en literatura en la novela que el escritor publicó tres años después de la concesión del Premio Nobel, *El amor en los tiempos del cólera*. Ni Luisa Santiaga es Fermina Daza ni Gabriel Eligio es Florentino Ariza, pero las dificultades que los personajes de la novela debieron sortear durante su

"Había nacido como un caserío chimila y entró en la historia con el pie izquierdo como un remoto corregimiento sin Dios ni ley del municipio de Ciénaga, más envilecido que acaudalado por la fiebre del banano. Su nombre no es de pueblo sino de río, que se dice *ara* en lengua chimila, y *Cataca*, que es la palabra con que la comunidad conocía al que mandaba. Por eso, entre nativos no la llamamos Aracataca sino como debe ser: Cataca".

—G. G. M., *Vivir para contarla*

primer noviazgo y las penalidades que afrontaron en el viaje en el que el padre de Fermina embarca a su hija cuando descubre sus amores con el telegrafista de la ciudad, así como la forma y las inventivas a las que ellos recurrieron para seguir teniendo noticias el uno del otro, tienen un poderoso arraigo en la realidad que vivieron sus padres.

Como ocurre casi siempre con estos casos de amores empedernidos, no hay poder humano capaz de derrotarlos. Da igual tanto en la realidad como en la literatura. De modo que cuando ellos, Luisa Santiaga y Gabriel Eligio, lograron recuperar el hilo de su romance y comprendieron que una nueva separación —a él lo habían nombrado telegrafista de Riohacha— les resultaría intolerable, la mediación de monseñor Espejo logró el consentimiento anhelado y los novios se casaron en la catedral de Santa Marta, sin la asistencia del coronel ni de su esposa, el 11 de junio de 1926. Los últimos recelos se vinieron abajo cuando anunciaron unos meses más tarde que Luisa Santiaga esperaba un hijo y Gabriel Eligio terminó por aceptar que su esposa diera a luz en casa de sus padres:

> Fue así y allí donde nació el primero de siete varones y cuatro mujeres, el domingo 6 de marzo de 1927 a las nueve de la mañana y con un aguacero torrencial fuera de estación... Debí llamarme Olegario, que era el santo del día, pero nadie tuvo a la mano el santoral, así que me pusieron de urgencia el primer nombre de mi padre seguido por el de José, el carpintero, por ser el patrono de Aracataca y por estar en su mes de marzo. Misia Juana de Freytes propuso un tercer nombre en memoria de la reconciliación general que

> se lograba entre familias y amigos con mi venida al mundo, pero en el acta del bautismo formal que me hicieron tres años después olvidaron ponerlo: Gabriel José de la Concordia *(Vivir para contarla).*

La infancia puede ser uno de los períodos más propicios o, al menos, uno de los preferidos por aquellos que se sienten tentados por el espejismo de las memorias para fabular en torno a su definida vocación, a los infortunios vividos, a las presencias tutelares de los padres, a la complicidad de los vecinos de su misma edad o a la inicial y desconcertante conmoción frente a una muchacha bonita. Las 580 páginas que en el mundo de habla hispana se pusieron en circulación en octubre de 2002, que constituyen el primer volumen de las memorias de García Márquez, *Vivir para contarla*, abarcan los años comprendidos entre su nacimiento y el viaje a Europa como corresponsal de *El Espectador*, veintisiete años después. En ellas el escritor se detiene, a veces hasta con reiteraciones innecesarias, en múltiples episodios. Experiencias que él considera desde "esta vejez sin remordimientos" como definitivas en su vida personal y en su trayectoria pública: su primera experiencia estética, sus miedos cervales, sus frustraciones iniciales como lector y escritor, sus veleidades de acordeonero o los zarpazos imbatibles de la nostalgia que lo obligaron a confesarse a sí mismo que él no tenía escapatoria posible: "escribir para no morir".

Los únicos hombres éramos mi abuelo y yo

García Márquez se crió en casa de sus abuelos, pues mientras su familia era arrastrada por las ilusiones emprendedoras de Gabriel Eligio, quien había renunciado a su oficio de telegrafista y estaba empeñado en instalarse en Barranquilla como homeópata autodidacta con farmacia propia, los abuelos insistieron en que el pequeño Gabriel permaneciera con ellos en la seguridad de la casa de Aracataca. De modo que sus primeros años de vida, hasta los siete, estuvieron en manos de Papalelo, el abuelo, coronel de la Guerra de los Mil Días, quien años después todavía arrastraba el remordimiento de haber matado en un duelo de honor a Medardo Pacheco en la población de Barrancas, y Mina, la abuela Tranquilina, que vivió siempre rodeada de parientas, y de las hijas naturales de su marido o de sus hermanos, y de las guajiras que llegaban como parte de la servidumbre y terminaban por ser tratadas como si fuesen, desde siempre, miembros de la familia. Una tropa de "mujeres evangélicas", como las definió el escritor, que atendían la cocina, preparaban los animalitos de caramelo y se encargaban de los demás quehaceres, incluida la economía doméstica, porque el negocio de orfebre de pescaditos de oro le deparaba al coronel más satisfacciones personales que dinero, y porque la jubilación, después de desempeñar diversos cargos públicos y de ser veterano de guerra, sólo hacía parte

"Creo que la esencia de mi modo de ser y de pensar se la debo en realidad a las mujeres de la familia y a las muchas de la servidumbre que pastorearon mi infancia. Eran de carácter fuerte y corazón tierno, y me trataron con la naturalidad del paraíso terrenal".

—G. G. M., *Vivir para contarla*

de las ilusiones eternas de la familia.

La romería de mujeres que lidiaron con él le imprimieron desde muy pequeño varias de sus más firmes convicciones, como aquella de que son ellas quienes sostienen el mundo con su puño de hierro. Allí estaban, entonces, mujeres como Lucía, la primera que le enseñó su sexo, pero él sólo vio, conmovido, la mancha de carate que le subía por el vientre; Chon, la india guajira, convertida en tía chaperona desde que acompañó a su madre, en sus tiempos de soltera, durante el viaje a Valledupar y Riohacha; Matilde Armenta dando a luz mientras él observaba como cazador en penumbra desde una esquina del cuarto; Trinidad, la hija de alguien que trabajaba en la casa, que una noche de música lo sacó a bailar con un abrazo tan apretado que lo dejó sin aire; Elvira Cantillo, la *tía Pa*, hermana gemela del tío Esteban, de quien todos ignoraban la ternura con que sabía entretener a los pequeños; Francisca Simodosea, *tía Mama*, prima hermana del abuelo, que no conoció varón ni pareció tener "atravesada en el corazón una pena de amor contrariado", dueña y señora de las llaves del cemente-

Trinidad:
"No sé qué fue de ella, pero todavía hoy me despierto en mitad de la noche perturbado por la conmoción, y sé que podría reconocerla en la oscuridad por el tacto de cada pulgada de su piel y su olor de animal".

—G. G. M., *Vivir para contarla*

rio y del trato con la muerte, al punto de que tejió su propia mortaja y se murió cuando se le antojó, después de realizar los trámites de su defunción y de su entierro; la *tía Petra*, hermana mayor del abuelo; la tía Wenefrida, *Nana*, también hermana de Papalelo, que vivía en el dormitorio en donde estaba el altar con santos de tamaño humano; Tranquilina Iguarán Cotes, su abuela Mina, profeta de oficio y curandera furtiva que ejercía de panadera y repostera; Meme, la esclava guajira que no llegó a conocer, porque se fugó una noche con su hermano Alirio; Luisa Santiaga, su madre; Margot, su hermana, que casi no logró integrarse a la vida familiar en Aracataca, y Sara Emilia Márquez (hija del tío Juan de Dios antes de su matrimonio) quien poseía una maravillosa colección de cuentos de Calleja (ilustrados a todo color y que todavía —ochenta años después— reedita Olañeta) que no le dejaba tocar por miedo a que la desordenara: "... mi primera y amarga frustración de escritor".

Mujeres y más mujeres que lo bañaban al tiempo con ellas, que creían hablar en un lenguaje cifrado asuntos de mujeres, mientras lo enjabonaban, cuando él ya entendía todo, y que le lavaban los dientes mientras él suspiraba por tener una dentadura postiza como la de su abuela Mina, de modo que pudieran lavársela mientras él, con las encías vacías, seguía jugando en la calle con sus amigos. Para Mina, su nieto era adivino, para Papalelo, sería pintor.

El abuelo, en cambio, era su polo a tierra: "... era para mí la seguridad completa. Sólo con él desaparecía la zozobra y me sentía con los pies sobre la tierra y bien establecido en la vida real".

El coronel Nicolás Ricardo Márquez Mejía nunca vistió uniforme militar, pues su grado, como lo explica su nieto, no era académico sino revolucionario, y muchos años después de las guerras continuaba aferrado al liquilique que usaban los veteranos del Caribe. Pero, además de la aureola de prestigio que le imprimía a su figura su participación en las guerras civiles, el coronel ocupó varios cargos públicos en Aracataca. Sin embargo, la gran ascendencia que tuvo sobre el escritor —aunque cuando el nieto descubrió la vieja cicatriz de un balazo durante la guerra cerca de la ingle, casi no pudo reponerse de la emoción— obedeció principalmente a otras circunstancias: a los privilegios que le otorgó y al trato con que lo distinguió siempre.

Cuenta García Márquez que cuando él descubrió el dibujo y la ventolera lo llevó a pintar las paredes de la casa, las mujeres pusieron el grito en el cielo y se lo prohibieron. El abuelo se enfureció, y en el cuarto de orfebrería —el mismo que también hacía de oficina o despacho— mandó pintar una pared de blanco, compró colores y después unas acuarelas. Él creía que su nieto sería pintor. Los privilegios también se extendían a la mesa del comedor durante la hora del almuerzo, cuando ellos se sentaban a la cabecera de la mesa con todos los invitados. Otros momentos igual de importantes tenían que ver con la cotidianidad del pueblo, las amistades y los vínculos establecidos por el coronel: la llegada diaria del tren, la visita periódica a la peluquería, las conversaciones en cualquier esquina, las funciones de cine al atardecer en el Salón Olympia, las partidas de ajedrez en el taller de don Emilio, un veterano de la Primera Guerra Mundial, tullido, que todo el mundo conocía como *el Belga*.

Las enseñanzas del abuelo también entrañaron otros asuntos que para el escritor se convirtieron en paradigmas. Como ocurrió con Bolívar, cuando el nieto, incapaz de sobreponerse al desconcierto que le produjo que colgara en el comedor un cuadro del *Libertador* con una vela siempre encendida, indagó por las razones y él le dio la explicación necesaria: "... fue el hombre más grande que nació en la historia del mundo". O como ocurrió con el diccionario cuando lo utilizó el día memorable en que llevó a su nieto a una función de circo. Lo más probable es que se tratara de un circo pobre de paso por el pueblo, de esos que van sin rumbo fijo y disponen de una carpa con más remiendos que tela original, dos o tres fieras esqueléticas, un payaso con talento en medio de una turba de vividores sin ninguna gracia y un mago de cuarto orden. Ante la visión de un "rumiante maltrecho y desolado con una expresión de madre espantosa", el coronel le dijo al niño que se trataba de un camello. Pero alguien que lo escuchó lo corrigió y le dijo que era un dromedario. Y cuando el coronel preguntó por la diferencia entre uno y otro, el interlocutor anónimo le dijo que no la sabía. De vuelta a casa consultó un viejo y desvencijado librote que hasta entonces no había atraído la aten-

"A cualquier hora del día el abuelo me llevaba de compras al comisariato suculento de la compañía bananera. Allí conocí los pargos y por primera vez puse la mano sobre el hielo y me estremeció el descubrimiento de que era frío".

—G. G. M., *Vivir para contarla*

"Al final me puso el glorioso
tumbaburros en el regazo y me dijo:
—Este libro no sólo lo sabe
todo, sino que es el único que nunca
se equivoca.
Era un mamotreto ilustrado con
un atlante colosal en el lomo y en
cuyos hombros se asentaba la
bóveda del universo. Yo no sabía
leer ni escribir, pero podía
imaginarme cuánta razón tenía el
coronel si eran casi dos mil páginas
grandes, abigarradas y con dibujos
preciosos. En la iglesia me había
asombrado el tamaño del misal, pero
el diccionario era más grueso. Fue
como asomarme al mundo
entero por primera vez.
—¿Cuántas palabras tendrá?
—pregunté.
—Todas —dijo el abuelo".

—G. G. M., *Vivir para contarla*

ción del nieto. Allí los dos supieron cuál era la diferencia entre camello y dromedario. La curiosidad insaciable y el buen apetito por el conocimiento son una herencia que el escritor recibió del abuelo.

Estos primeros años del escritor comprendieron también otro ámbito singular y decisivo en la constitución de su mundo interior. No sólo estaba el universo del abuelo en el cual quería permanecer todo el tiempo posible; no sólo estaba el mundo fascinante de la abuela y las mujeres que giraban en torno a ella, que él no quería perderse por ningún motivo. Existía también otro mundo que compartía espacios de los dos anteriores: los miedos y terrores de la infancia.

El miedo a quedarse solo en esa casa llena de presagios; a los santos de tamaño natural del dormitorio de Wenefrida, más tenebrosos y amenazadores que los de la iglesia; el miedo a los ojos amarillos del doctor Barbosa, el boticario de Aracataca que una vez lo atrapó robándose los mangos del patio; el miedo al Belga que, según el propio autor, era una anciano pavoroso, y la mirada fría, seca y opaca que lo contempló desde la muerte cuando vio su cadáver con los ojos abiertos; o el tedio que se apoderaba de él durante las interminables partidas de ajedrez, las consabidas visitas a la peluquería o la pausa obligada de la siesta desde pasadas las doce del día hasta un poco antes de las tres de la tarde, cuando cualquier actividad entraba en un paréntesis agobiante. Pero, por encima de todo, dominándolo de una manera avasalladora, la cita diaria, ineludible, al caer la tarde, con la oscuridad: el pavor de la noche.

El traslado de García Márquez a Barranquilla a vivir con sus padres y hermanos, así como la mudanza, unos meses más tarde, de la familia completa a Sincé, el pueblo natal de su padre, cerraron un ciclo para el escritor. Pero el hecho que en verdad clausuró ese período fue la muerte del abuelo, ocurrida en Santa Marta, después que le diagnosticaran un cáncer terminal en la garganta: "Necesité muchos años —dice el nieto en sus memorias— para tomar conciencia de lo que significaba para mí aquella muerte inconcebible". Muchos años después, cubierto por la gloria, convertido en el escritor vivo más leído, rodeado siempre de fervientes admiradores en los lugares más insospechados del mundo, declararía sin el menor asomo de temblor en la voz: "Desde entonces, nada importante me ha ocurrido en la vida".

Literatosis

La trashumancia de la familia García Márquez durante varios años llevó al primogénito de un lado a otro por pueblos y ciudades de la Costa Atlántica. Los empeños infatigables de Gabriel Eligio por establecerse con un negocio propio y próspero —"papá era un hombre difícil de vislumbrar y complacer. Siempre fue mucho más pobre de lo que parecía y tuvo a la pobreza como un enemigo abominable al que nunca se resignó ni pudo derrotar"— ya fuera en Sincé, Aracataca o Barranquilla, desembocaron en permanentes mudanzas de una familia que crecía todos los años. Esta situación condujo a que el primer año de estudios de García Márquez fuera en la escuela Montessori de Aracataca; unos años de la primaria en Barranquilla, otros en Sincé; los dos primeros años del bachillerato en el Colegio San José, de nuevo en Barranquilla, y los últimos cuatro en el Colegio Nacional de Varones de Zipaquirá.

Las implicaciones del traslado a la remota y lejana sabana de Bogotá significaron una nueva separación de la familia. Eso no era una sorpresa para él. Había crecido solo en Aracataca y había vivido varios años en circunstancias similares en Barranquilla. El cambio radical fue el clima y la eterna lluvia matinal, el ambiente del colegio, la atmósfera de la capital, la índole de sus habitantes y el abigarrado conjunto de sus compañeros de estudio. En múltiples ocasiones el escritor ha hecho referencia a esos cuatro años en los cuales aprendió a conocer el país —en especial a partir de los viajes por el río Magdalena, "cada vez aprendí más de la vida que en la escuela y mejor que en la escuela"—, a no naufragar en la ensimismada capital, a sortear las incertidumbres del poder que incidían sobre su colegio y a emborracharse de unos autores y unas épocas literarias que lo abordaban sin sosiego en cada viaje, en cada esquina, en cada amigo. Así fue como reafirmó su gusto por la poesía española del Siglo de Oro y el romanticismo, y descubrió a los poetas de Piedra y Cielo y a escritores como Thomas Mann y Aldous Huxley. Un aprendizaje que se ha prolongado hasta hoy, pero que en ese entonces lo llevó, apenas unos años después, en 1950 —con una clarividencia envidiable— a cuestionar y polemizar desde su columna en *El Heraldo* con Manuel Mejía Vallejo, quien, en un "ligero reportaje" en *El Tiempo*, habló de la novela colombiana. El escritor antioqueño era apenas cuatro años mayor, pero ya conocía la fama y empezaba a alcanzar un merecido reconocimiento, mientras Gabriel García Márquez apenas era percibido, gracias a sus cuentos en *El Espectador*, por los de olfato más agudo. Las objeciones iban desde la valoración que el autor antioqueño hacía de la novela colombiana hasta la impermeabilidad de nuestros autores ante las corrientes extranjeras y su influencia sobre nuestras letras.

Lo sorprendente no fue, en todo caso, la confrontación. También lo hizo, por esos mismos años, con Hernando Téllez, mucho mayor que él y cubierto por un aura de prestigio intocable, debido a una omisión en su valoración crítica en la producción literaria de un año que el joven escritor consideró imperdonable. Lo que llama la atención es que ese joven periodista, autor de una docena de cuentos que, vistos en la perspectiva de hoy, adolecen de algunos tropiezos, gozara de la lucidez suficiente para plantear una cuestión que siempre ha aquejado a las letras colombianas: su provincianismo, su rechazo sistemático a las grandes corrientes de la literatura. Cuestión que convierte a muchos de los escritores colombianos, hoy en día de manera tan aguda como en el pasado, en unas águilas encorsetadas en su megalomanía y muy propensas a la miopía.

Finalizados sus estudios en Zipaquirá y después de haberse ganado la atención y simpatía de los compañeros de colegio y los profesores, así como la amistad de algunos poetas entre los que se encontraban Eduardo Carranza y Jorge Rojas, García

"En cuanto a la respuesta de que 'hoy todos tienen que tener algo de Joyce, de Huxley, de Faulkner' (y le faltó Virginia Woolf, imperdonablemente), refiriéndose no ya a la literatura americana en general, sino a la de Colombia, valdría la pena recordar que el hecho mismo de que esa afirmación de Mejía Vallejo no sea aplicable a nuestro medio es quizás una de las mayores fallas de nuestra novela. Todavía no se ha escrito en Colombia la novela que esté indudable y afortunadamente influida por los Joyce, por Faulkner o por Virginia Woolf. Y he dicho 'afortunadamente', porque no creo que podríamos los colombianos ser, por el momento, una excepción al juego de las influencias. En su prólogo a *Orlando*, Virginia confiesa sus influencias. Faulkner mismo no podría negar la que ha ejercido sobre él el mismo Joyce. Algo hay —sobre todo en el manejo del tiempo— entre Huxley y otra vez Virginia Woolf. Franz Kafka y Proust andan sueltos por la literatura del mundo moderno. Si los colombianos hemos de decidirnos acertadamente, tendríamos que caer irremediablemente en esta corriente. Lo lamentable es que ello no haya acontecido aún, ni se vean los más ligeros síntomas de que pueda acontecer alguna vez".

—G. G. M., *Textos costeños*

"En las tardes libres, en vez de trabajar para vivir, me quedaba leyendo en el cuarto o en los cafés que lo permitían. Eran libros de suerte y azar, y dependían más de mi suerte que de mis azares, pues los amigos que podían comprarlos me los prestaban con plazos tan restringidos que pasaba noches en vela para devolverlos a tiempo".

—G. G. M., *Vivir para contarla*

Márquez ingresó a la Universidad Nacional con el propósito de estudiar Derecho. No tenía ningún interés por esa disciplina, y tal vez nunca lo tuvo, pero lo hizo por complacer a su padre que se empeñaba en que su primogénito tuviera el título universitario que a él le había negado la adversidad. Sin embargo, su única preocupación verdadera después de leer *La metamorfosis* de Kafka era ser escritor. Kafka le abrió un camino de la misma forma en que diez años más tarde lo haría la lectura de *Pedro Páramo,* de Juan Rulfo. Fue una verdadera revelación. De modo que perdió todo interés por la Universidad, y su atención se volcó, después de estar enfrascado por años y casi de manera exclusiva en la poesía, sobre la novela y el cuento.

García Márquez vivía entonces en olor de literatura. Había descubierto que si escribir como Kafka era posible, él también quería ser escritor. Padecía literatosis. Estaba tan enfermo de literatura que bien podía sentarse a escribir un cuento "no más por taparle la boca a Eduardo Zalamea Borda". Las consecuencias de esa calentura ya se conocen: apareció en *El Espectador*, el sábado 13 de septiembre de 1947, *La tercera resignación*, y al mes siguiente el segundo, *Eva está dentro de su gato*, y el tercero, con ilustraciones de Enrique Grau, en enero del año siguiente, *Tubal-Caín forja una estrella*. Ya no había vuelta atrás, "seguir escribiendo era la respuesta".

Esa decisión, que dejaba truncas las ilusiones del padre, el autor la recuerda como una enconada confrontación familiar que se prolongó varios años y en la cual intervino también su madre, cuando ella fue a Barranquilla y le pidió que la acompañara a vender la casa de Aracataca. La conversación entre ellos dos durante ese viaje —el sábado 18 de febrero de 1950, según el recuerdo del escritor—, así como la sostenida en el pueblo con el doctor Barboza que todavía sobrevivía en la trastienda de la botica, están plasmadas en las memorias del Nobel. El diálogo entre madre e hijo, a lo largo de toda una noche en una lancha con motor de gasolina a través de los caños y al día siguiente en el tren —arrullados por el rítmico traqueteo de los vagones, mientras a él lo cegaba la luz casi metálica de la mañana o el recuerdo de las muchachas que muchos años atrás se bañaban desnudas en esos mismos ríos para perturbar a los pasajeros— tuvo sólo un propósito para cada uno de ellos. Doña Luisa Santiaga, como la conoció todo el mundo hasta el día de su muerte, próxima a cumplir los cien años, persistía en el deseo paterno: que su hijo obtuviera un título universitario. A su vez, el joven autor, apenas entrevisto por algunos amigos y periodistas, se mantenía firme en su reciente decisión de convertirse en escritor. Toda la conversación fue un alarde de diplomacia y constancia, de entereza y respeto, frente a una decisión que comprometía el futuro de un muchacho de veintitrés años.

Luis Enrique, su hermano, no recuerda nada en cambio. Al contrario, a él le parece que su padre tenía incluso actitudes que empujaban al joven escritor a seguir adelante en sus nuevos propósitos. Es posible que la verdad sea un término medio, un frágil equilibrio en el que el padre, de pronto, en un arranque de sensatez, volvía por sus fueros intentando una vez más que su primogénito obtuviera un título universitario, pero ante la firmeza exhibida se desarmaba y aceptaba la decisión de su hijo. Para García Márquez, en cualquier caso, todo estaba claro. Había decidido ser escritor, o periodista, o ambas cosas, y lo sería, sin que a él le importara quién se opusiera o las dificultades que hubiera de afrontar.

El asesinato de Jorge Eliécer Gaitán, jefe y candidato del Partido Liberal a la Presidencia de la República, el 9 de abril de 1948, en pleno centro de Bogotá, provocó una conmoción en el país y una serie de disturbios en la capital que la historia registró como el Bogotazo. En compañía de su hermano y de algunos amigos, aturdidos por la noticia, dieron los mismos bandazos que el resto del país, en medio del caos, los cientos de muertos, los saqueos del comercio, los incendios en los edificios públicos y los francotiradores apostados en las azoteas, "sin darnos cuenta todavía de que aquel desastre colosal no tendría días siguientes".

"La verdad, yo nunca creí —dice Luis Enrique— en ese disgusto de mi papá, porque creo que escritor era lo que él mismo hubiera querido ser. Inclusive, había actitudes que eran más bien estimulantes. Por ejemplo, cuando Gabito estaba por llegar a la mayoría de la edad, que en esa época era a los veintiún años, y aprovechando un viaje mío a Bogotá, le mandó de regalo una máquina de escribir portátil (...). 'Felicitaciones. Te soltamos la perra. En adelante, tuyo es el camino'. Gabriel, Luisa". (Sucre, 6.04.1948).

—Galvis, *Los García Márquez*, 1996

Los acontecimientos que se desencadenaron sobre Bogotá y el país, el desorden imperante, la asonada popular, el vergonzante papel de liberales y conservadores, generaron centenares de páginas. Incluso novelas. Pero la mayoría de esas páginas —por no decir todas— están viciadas por el ánimo partidista. Frente a esa avalancha de retorcidas interpretaciones, las generaciones actuales tienen la oportunidad de leer el escaso medio centenar de páginas que García Márquez dedica en sus memorias a ese episodio, para comprender, al menos, las dimensiones de esos hechos y percatarse, como el escritor, de que a partir de entonces el país no sería el mismo.

García Márquez obtuvo, con su hermano, refugio donde un tío que vivía a pocas cuadras de la pensión en donde se quedaron los borradores de dos o tres cuentos, el diccionario del abuelo y el libro de Diógenes Laercio que había recibido como premio de primer bachiller. Días después, cuando ya los liberales hacían parte del gobierno conservador de Ospina Pérez, las inversiones extranjeras y los delegados a la Conferencia Panamericana se encontraban a salvo y estaba 'sofocada' la tormenta social, el escritor llegó a Cartagena. En Bogotá no había pensión donde vivir, ni universidad donde estudiar, ni tranvías para hacer el viaje de ida y vuelta aferrado a un libro de poesía, ni cafés en donde refugiarse a leer.

Unos meses atrás, el dirigente liberal Domingo López Escauriaza, hermano del célebre poeta Luis Carlos López, había fundado en Cartagena el periódico *El Universal*, y su jefe de redacción era Clemente Manuel Zabala. Una noche en que el joven escritor andaba merodeando por el antiguo barrio de esclavos de Getsemaní, tropezó con Manuel Zapata Olivella, quien pocos días después lo presentó en el periódico. Aquí había reservada más de una sorpresa para el escritor en ciernes. En primer lugar, Clemente Manuel Zabala conocía sus cuentos aparecidos en Bogotá, circunstancia que halagó a García Márquez. En segundo, uno de los columnistas más sobresalientes del diario era el escritor y pintor Héctor Rojas Herazo, su antiguo profesor de dibujo en el Colegio San José de Barranquilla. Por último, el diario publicó, unos días más tarde, una columna que lo dejó aterrorizado. El día 20 de mayo, en la página 4, apareció una nota sin firma titulada "Saludo a Gabriel García". En ella, después de hacer un breve recuento de la exitosa trayectoria literaria del estudiante y augurarle un desempeño brillante en sus estudios de Derecho en la Universidad de Cartagena, el periódico anunciaba su vinculación como columnista. Al día siguiente, el 21, apareció la primera entrega de una efímera columna llamada "Punto y Aparte". No era una columna diaria, aunque poseía todas sus características. De un total de 38 colaboraciones firmadas, el escritor terminó metiendo mano en donde lo requería el diario: redactar noticias, escribir notas para el editorial, etc. Treinta y seis corresponden a 1948 y sólo dos a 1949.

"El estudioso, el escritor, el intelectual, en esta nueva etapa de su carrera, no enmudecerá y expresará en estas columnas todo ese mundo de sugerencias con que cotidianamente impresionan su inquieta imaginación las personas, los hombres y las cosas".

—*El Universal,* Cartagena, 20.05.48

Muchos métodos y procedimientos han desaparecido de entonces a hoy, debido a los avances tecnológicos. Por ejemplo, el papel pautado en el que escribían los redactores. Ese papel con un marco y delimitado a treinta estrictas líneas. Otro, y tal vez el más temido por la mayoría de los colaboradores —incluido en ese grupo el mismo García Márquez—, era el lápiz rojo del jefe de redacción. No importaba qué tan valioso y revelador fuera lo que se había escrito, ni tampoco cuánto esfuerzo había costado ponerlo en el papel. El editor y jefe de redacción podía, de acuerdo con sus criterios, voltear todo patas arriba. Clemente Manuel Zabala en *El Universal*, así como unos cuantos años más tarde lo sería José Salgar en *El Espectador*, eran los dueños del lápiz rojo. Tantas veces se ha repetido y vuelto a contar la anécdota, al punto de que ya nadie sabe en dónde está la verdad. Es muy posible, además, que la historia se haya repetido casi de manera idéntica, tanto en Cartagena como en Bogotá: el joven García Márquez se acerca con su columna al escritorio del jefe de redacción y éste, sin mediar palabra, empieza a tachar y a recomponer frases y párrafos. Hasta que al fin, exasperado de tanta corrección, con el texto convertido en una especie de galimatías entre tachones y signos curiosos, pero animado de la mejor voluntad, le repetía al recién llegado la consabida frase: "¡Tuérzale el cuello al cisne!"

García Márquez vivió esa experiencia en Cartagena con Clemente Manuel Zabala, la debió experimentar de nuevo con algunos de sus amigos de Barranquilla, y la vivió una vez más con José Salgar en Bogotá, a mediados de los años cincuenta. Todos ellos contribuyeron con sus observaciones y con la inclemencia de sus lápices rojos. Las lecturas recomen-

"... estoy convencido de que el mundo se divide entre los que saben contar historias y los que no, así como, en un sentido amplio, se divide entre los que cagan bien y los que cagan mal, o, si la expresión les parece grosera, entre los que *obran* bien y los que *obran* mal, para usar un piadoso eufemismo mexicano. Lo que quiero decir es que el cuentero nace, no se hace. Claro que el don no basta. A quien sólo tiene la aptitud, pero no el oficio, le falta mucho todavía: cultura, técnica, experiencia... Eso sí: posee lo principal. Es algo que recibió de la familia, probablemente, no sé si por la vía de los genes o de las conversaciones de sobremesa".

—G. G. M., *La bendita manía de contar*

dadas, o encontradas gracias al preciso azar, y el oficio de ocho horas diarias frente a la máquina de escribir harían el resto. Claro está que si no hay talento, disposición para contar, una cualidad —por llamarla de alguna manera— que no se sabe muy bien de dónde proviene, cualquier esfuerzo es inútil. Se podrá llegar a escribir de una manera decorosa o, como se dice ahora para utilizar la expresión en boga, 'políticamente correcta', pero no se alcanzarán los niveles de la creación literaria, la altura del mago que, como se vio en las primeras líneas de este perfil, es su verdadera vocación: la de prestidigitador. En el caso de García Márquez es bien claro que recibió todo de su familia: de las mujeres que lo educaron, del abuelo que lo convirtió en su compañero en la soledad, de las historias que bullían a diario en la casa entre los muertos que se paseaban por las alcobas y el rumor de la conciencia por un muerto a cuestas, de las gestas heroicas de los generales insurrectos, del esplendor efímero de la compañía bananera. El resto, es decir, el oficio, la técnica, la disciplina, el gusto y el sentido estético, le correspondían a él.

Por el manejo del lenguaje, por la fuerza de las imágenes y la agudeza de la mirada, García Márquez empezó a mostrar desde las primeras columnas periodísticas el talento que los de nariz más sensible habían olisqueado en sus primeros cuentos. Una lectura parsimoniosa de las colaboraciones aparecidas en *El Universal*, así como las de *El Heraldo* —más de cuatrocientas— publicadas entre enero de 1950 y diciembre de 1952, muestran a un escritor en pleno desarrollo, lleno de aciertos deslumbrantes, con un maravilloso sentido del humor y una actitud iconoclasta a prueba de cualquier contingencia, que se va haciendo a medida que va escribiendo y leyendo.

En diversas ocasiones se ha dicho que García Márquez nació maduro, humana e intelectualmente, política e ideológicamente, literaria y periodísticamente. Nada más falso. Al contrario, consuela saber que no siempre ha escrito bien. La lectura de sus columnas entre 1948 y 1952 muestran a un escritor que tiene que batallar con las palabras, que en más de una ocasión es avasallado por la metáfora, la sinécdoque, la metonimia, la hipérbole. Muestran a un escritor que en su afán por evadir el lugar común cae en expresiones redundantes, en el abuso del adjetivo y la adverbialización tumultuosa, y al que su corazón de bestia sentimental se lo lleva en ocasiones a rastras por los vericuetos de la cursilería. Como buen alumno de un internado sabanero no fue ajeno a ese estilo que consiste en escribir como si “latín aún habláramos”. Pero lo cierto, también, es que casi siempre lo ha hecho mejor que muchos escritores y ni qué decir de la mayoría de los periodistas, porque ya en estos comienzos hay un derrotero que marcará toda su obra: ninguna aventura de la imaginación tiene más valor literario que el más insignificante episodio de la vida real. Una verdadera lección de servidumbre y aprendizaje frente a los clásicos y al oficio mismo, que muchos de los jóvenes escritores colombianos han desdeñado con paupérrimos argumentos.

Este enfermo crónico de literatosis, que deambulaba por las calles de Cartagena de Indias y dormía las más de las veces a la intemperie en una banca del parque frente a los bustos de los mártires de la independencia de la ciudad, iba dejando una ristra de amigos y recuerdos entrañables por todas partes. Al tiempo que los estudios universitarios iban quedando relegados, la inmersión en la literatura se acentuó gracias al círculo de amistades que se ampliaba a diario hasta convertirse en el mejor y más asiduo lector de sus bibliotecas. Primero en Cartagena, con Gustavo Ibarra Merlano, quien lo indujo a leer a Sófocles, Melville y Hawthorne, porque le aterraba, entre otras cosas, el peligroso desdén que el joven escritor manifestaba por los clásicos. Un poco más tarde la historia se repetiría en Barranquilla, cuando Álvaro Cepeda Samudio le habló con pasión de sus autores preferidos y puso a su disposición su biblioteca entera: "Estos son los únicos escritores del mundo que saben escribir".

"...me invitó a la casa de sus padres en la playa de Marbella, con el mar inmenso como traspatio, y una biblioteca en un muro de doce metros, nueva y ordenada, donde *sólo conservaba los libros que debían leerse para vivir sin remordimientos*".

—G. G. M., *Vivir para contarla* (El destacado es nuestro)

A pesar de las limitaciones económicas que lo obligaban a realizar verdaderas maniobras de equilibrista, de la desorientación creciente en muchos aspectos —fueron los años "más inciertos de mi vida" y "no fueron mis mejores tiempos para pensar"—, la vida seguía siendo generosa con él, al menos en cuanto a libros. Una pulmonía severa que se resistía a los más poderosos antibióticos lo "obligó" a volver a casa de sus padres en Sucre. *El Heraldo* registró su ausencia como una baja sensible en su equipo de redacción. Unas semanas más tarde otra nota anunciaría su reintegro con sincero entusiasmo:

> En la Mojana —tierra bravía y máscula— García Márquez estuvo dándole los toques finales a una novela —próxima a aparecer— titulada *Ya cortamos el heno*. Hemos tenido la oportunidad de conocer la mayoría de los originales y estamos en capacidad de juzgarla como uno de los mayores esfuerzos que actualmente se realizan en Colombia para incorporar a nuestro país a los más exigentes derroteros de la novelística contemporánea.

Sus amigos de Barranquilla, a quienes había conocido hacía poco, aunque tenía la certeza de que los conocía desde hacía años, le enviaron una caja llena de libros para que él tuviera el alivio de la lectura en su retiro forzoso: "Eran veintitrés obras distinguidas de autores contemporáneos, todas en español y escogidas con la intención evidente de que fueran leídas con el propósito único de aprender a escribir".

Su estadía en Sucre, la vida cotidiana con el tropel de hermanos que ya eran diez; las historias de fábula de La Sierpe, "un país de leyenda" que quiso visitar para "escribir la crónica de un realismo sobrenatural" y su reencuentro con Nigromanta —la mujer de un oficial de la policía con "un instinto para el amor que no parecía de ser humano sino de río revuelto"—, circunstancia que lo llevó a pensar en quedarse para siempre en el pueblo, no contribuyeron para nada a su estabilidad: "...no sabía cómo seguir viviendo", confesó sin reparos en sus memorias.

El regreso a Cartagena de Indias con el propósito de escribir una novela con el título de *La casa* lo llevó a dar por terminado su compromiso con *El Universal* con el pretexto de tener tiempo libre para la redacción de su primera obra de envergadura. De ese propósito, como él mismo lo ha dicho, sólo quedó el título. Faltaban veinte años de trasegar por el mundo y por el oficio, veinte años de lecturas y aprendizaje sin pausa, para que apareciera la novela que incorporaría al país "a los más exigentes derroteros de la novelística contemporánea". Pero esa decisión, retirarse del periódico en Cartagena, lo condujo a Barranquilla, a donde llegó el 15 de diciembre de 1949 con doscientos pesos en el bolsillo.

Los amigos de Aureliano Babilonia

La desorientación que padeció por esos años, el futuro novelista la manifestó en su producción literaria. A instancias de Eduardo Zalamea y con la mediación de Clemente Manuel Zabala, García Márquez volvió a la literatura y sus siguientes tres cuentos aparecieron en el nuevo suplemento literario —el *Magazín Dominical*— de *El Espectador*: *La otra costilla de la muerte*, *Diálogo con el espejo* y *Amargura para tres sonámbulos*. Y si bien en los dos últimos se nota mayor destreza y mejor manejo literario, "no había logrado salir del pantano" —como lo anota él mismo— ni de "la retórica primaria de los cuatro primeros".

El balance no era muy alentador. Después de dos años largos de trabajo literario, de casi otros dos de trabajo periodístico en Cartagena, de haber reprobado sus estudios de tercer año en la Facultad de Derecho y de soñar con una primera novela con el título de *La casa*, el futuro escritor no encontraba la punta del hilo que le permitiera deshebrar la madeja. Esa era la situación cuando hizo su arribo a Barranquilla.

El 5 de enero de 1950 inició su colaboración con *El Heraldo*. La columna, con el título genérico de "La Jirafa", iba firmada con el seudónimo *Septimus*. En contadas ocasiones aparecía un subtítulo, "Apuntes para una novela", y firmaba Gabriel García Márquez. Pero la mayoría de ellas se llamó

"La Jirafa". El seudónimo tiene su origen en el personaje Septimus Warren Smith de la novela de Virginia Woolf, *La señora Dalloway*. En cambio, del nombre de la columna no se tenía noticia. Los críticos especularon por espacio de treinta años, y quien escribe este esbozo habló de lo larga y rumiante, hasta que el novelista aclaró en sus memorias que se trataba del nombre secreto con que él llamaba a Mercedes Barcha Pardo.

A partir de su llegada a Barranquilla se inició una nueva etapa en la vida del novelista. No porque se trate de una ruptura con todo lo anterior, sino porque allí, en esa ciudad conocida como la Puerta de Oro de Colombia, en la compañía de Germán Vargas, Álvaro Cepeda Samudio, Alfonso Fuenmayor, Ramón Vinyes y José Félix Fuenmayor, García Márquez encontró —por decirlo de alguna manera— la horma de sus zapatos. Los dos primeros, Germán y Álvaro, trabajaban en *El Nacional*, mientras que en *El Heraldo* estaban Alfonso y él. Allí también, en la misma página, en la columna contigua, aparecían las colaboraciones de Ramón Vinyes: "Reloj de Torre". De modo que el contacto era de todos los días, y no sólo en las mesas de redacción, sino también en la Librería Mundo, propiedad de Jorge Rondón o en el Café Colombia. Casi veinte años más tarde, en las últimas páginas de *Cien años de soledad* García Márquez inmortalizó a sus amigos y a Ramón Vinyes, al convertirlos en los "muchachos despotricadores" y "el sabio librero" que se reunían en la librería de éste último en los postreros años de Macondo a discutir sobre los métodos más efectivos para "matar cucarachas en la Edad Media".

El contacto cotidiano, las discusiones interminables —literarias o periodísticas—, la febril actividad que desarrollaban en torno a *Crónica*, el semanario deportivo-literario que Alfonso Fuenmayor se empeñaba en publicar con la colaboración de todos ellos, creó un clima de complicidad y estableció unos lazos de amistad y solidaridad que los convirtió, para la historia de la literatura colombiana, en el Grupo de Barranquilla. En ese semanario —"*Su mejor week-end*", como rezaba el subtítulo— estaban todos. Su director era Alfonso y su jefe de redacción García Márquez. Y con Germán Vargas hacían parte del comité de redacción, Ramón Vinyes, José Félix Fuenmayor, Meira Delmar, Benjamín Sarta, Adalberto Reyes, Alfonso Carbonell, Rafael Marriaga, Julio Mario Santodomingo, Juan B. Fernández, Armando Barrameda Morán, Bernardo Restrepo, Roberto Prieto, Álvaro Cepeda Samudio, Carlos Ossio Noguera y Alfredo Delgado. El comité artístico estaba conformado por Alejandro Obregón y Orlando Rivera, *Figurita*. La pintora Cecilia Porras no aparecía en ninguna lista, pero participó en muchas de sus actividades, en particular, en sus parrandas interminables.

"Aquel fatalismo enciclopédico fue el principio de una gran amistad. Aureliano [Babilonia] siguió reuniéndose todas las tardes con los cuatro discutidores, que se llamaban Álvaro, Germán, Alfonso y Gabriel, los primeros y únicos amigos que tuvo en la vida. Para un hombre como él, encasillado en la realidad escrita, aquellas sesiones tormentosas que empezaban en la librería a las seis de la tarde y terminaban en los burdeles al amanecer fueron una revelación".

—G. G. M., *Cien años de soledad*

Los tres últimos capítulos de *Cien años de soledad* recurren en repetidas ocasiones a momentos y situaciones de esos años, y las referencias a los cuatro amigos se multiplican en sus páginas: gracias a ellos, Aureliano Babilonia descubrió el burdel de muchachitas que se acostaban por hambre, pudo comprender la dimensión humana e intelectual del sabio librero —"su fervor por la palabra escrita era una urdimbre de respeto solemne e irreverencia comadrera"—, y estuvo presente la noche de jolgorio en que Álvaro "demostró", de manera inapelable, que la literatura era el mejor juguete que se había inventado para burlarse de la gente.

Entre tanto, García Márquez empezó a vislumbrar alguna punta de la madeja y concluyó su primera novela después de un año de trabajo intenso. Esfuerzos y desvelos que, sin embargo, no se vieron recompensados porque la editorial en que había puesto sus esperanzas el escritor, la rechazó. Así se lo contó a Gonzalo González, *Gog*, en una carta que publicó *El Espectador* con el título "Auto-crítica":

> Ya sabes que la Editorial Losada echó para atrás *La hojarasca*. Aquí sí no tengo la menor duda de quién es el imbécil. ¿Tú crees que yo sería tan idiota para dedicarle a un libro un año entero —como sucedió con *La hojarasca*— para salir a la postre con un esperpento? No compadre, soy demasiado perezoso para cometer esa tontería. Te digo que la voy a editar por suscripción popular y que voy a ponerle como prólogo el ribeteado y andrajoso concepto del Consejo de la Editorial".

Este escollo, a primera vista insalvable, no amilanó al escritor. Por el contrario, como lo demuestra la carta a Gog, lo reafirmó en su decisión de convertirse en escritor. Habían quedado atrás las discusiones familiares, las incertidumbres frente al oficio y la precariedad económica que no parecía tener solución a la vista. El enfermo de literatura continuaba convaleciente, pero esa dolencia ya hacía parte de su propia naturaleza. No sería, entonces, una memoria prodigiosa atiborrada de fragmentos dispersos de los autores leídos, sino el mago capaz de transformar ese legado literario en algo propio, suyo, por completo distinto, con el único propósito de realizar su propio espectáculo de prestidigitación.

La Librería Mundo, uno de los lugares favoritos de reunión, abrió sus puertas en un local de la carrera Progreso entre las calles Jesús y san Juan y, poco después, se trasladó a los bajos del edificio del Teatro Colombia. Allí se reunían, como atraídos por un imán, para abrir con la impaciencia de los niños las cajas que llegaban con los nuevos títulos importados y los encargos solicitados meses atrás. El Café Colombia, dos puertas más allá, recibía la tertulia cuando la librería cerraba sus puertas. También existía el Café Japi (nunca Happy) en la acera de enfrente, en donde un perro sin cola, visitante tan asiduo como ellos del local, suscitó en el escritor la redacción de una divertidísima y reveladora columna de la condición humana: "Motivos para ser perro".

Pero el lugar por excelencia, el que los acogió sin reparos y donde el grupo se amplió con más pintores y escritores, políticos y fotógrafos, arquitectos y amigos de otras latitudes

"Si un día cualquiera me fastidiara de este diario martillar sobre la paciencia del público, y se me concediera el derecho de ser algo completamente distinto... me dedicaría a ser ese perro gordo, rebosante de salud, que merodea por el sector comercial de la ciudad y tiene su cómodo y habitual dormitorio en el Café Japi (....). Posiblemente este perro ideal ni siquiera tiene el vulgar distintivo de un nombre. No tiene —como los otros hombres— preocupaciones cotidianas, porque sabe que al despertar todo el sector comercial está en obligación de alimentarlo. No muerde a nadie, no ladra a nadie, porque el mundo es demasiado imperfecto para que un perro se interese por sus fenómenos transitorios. Es el perro sabio, concentrado, despreciativo, indiferente, que un día se hizo cortar la cola —porque es perro sin cola— para libertarse hasta de los propios y naturales sentimientos. Perro rabiosamente individualista, que no mueve la cola ante el regreso de nadie".

—G. G. M., "Motivos para ser perro" *Textos costeños*

(como Álvaro Mutis) de paso por la ciudad, fue La Cueva. Años antes de convertirse en el refugio predilecto era, en sus justas proporciones, una tienda llamada El Vaivén, en el barrio Boston, donde también se encuentra la iglesia del Perpetuo Socorro, en la que se casó García Márquez con Mercedes Barcha en 1958. El local era amplio y dividía sus funciones entre tienda de barrio y consultorio dental, gracias a una sábana colgada a modo de tabique que un buen día desapareció ante las necesidades apremiantes de más espacio. Las remodelaciones de El Vaivén obedecieron a la popularidad repentina que empezó a tener en ciertos círculos. Primero fue invadida por un cenáculo de cazadores que se apropiaron de la única mesa. Por eso, en sus comienzos, fue apenas un "apacible refugio de cazadores", según el letrero que colgaba en la pared detrás del mostrador. Después aparecieron los periodistas, los pintores, los escritores, los fotógrafos, los arquitectos. De modo que su propietario, Eduardo Vilá Fuenmayor, optó entonces por añadirle una palabra al letrero, pues, casi sin darse cuenta, el lugar había dejado de ser una modesta tienda de barrio para convertirse en un bar de gran popularidad "e intelectuales". Allí llegó Fernando Botero —como lo cuenta Heriberto Fiorillo— buscando a sus amigos Alejandro Obregón y Enrique Grau; por allí pasó Juan Antonio Roda y dejó un cuadro con el retrato de todos sus amigos costeños. También allí, José Gómez Sicre, director de la colección de arte de la OEA, conoció al pintor colombiano Noé León, y con ese feliz encuentro los cuadros de éste artista primitivista empezaron a circular por el mundo.

"La Cueva será una realidad igual pero distinta. Medio siglo después del nacimiento de su leyenda individual y colectiva, la mayoría de los creadores que le dieron vida con la suya disfrutan hoy de su pensión celestial, pero parte del espíritu y de la herencia estética que dejaron podrá crecer como materia y reflejo en Barranquilla, entre sus hijos, hasta que este mundo se acabe".

—Fiorillo, "De regreso a La Cueva", *El Tiempo*, Bogotá, 28.12.03

La resonancia de La Cueva ha sido tan grande, tanto en el ámbito de la ciudad como del país, que hace más de treinta años Alfonso Fuenmayor, rodeado de varios nostálgicos empedernidos, trató inútilmente de revivirla. Ahora, más de cincuenta años después, en pleno siglo XXI, es una realidad gracias a todos aquellos cuyos recuerdos y nostalgias siguen anclados en ese espacio de tienda de barrio que se convirtió por virtud del desafuero de sus clientes en un bar de tertulias irrepetible.

A las presencias tutelares del sabio catalán y José Félix Fuenmayor, y a la compinchería de sus amigos, hay que añadir

"Descubrí —le explicó Faulkner a Malcom Cowley— que mi región, mi porción de suelo natal, más pequeña que una estampilla de correos, era digna de que se escribiera sobre ella, y mediante la transformación de lo real en apócrifo yo tendría completa libertad para usar todo el talento que Dios me dio y nunca viviría lo suficiente para agotarla".

la asistencia espiritual de William Faulkner. El escritor sureño acaparó durante varios años la atención del escritor colombiano. No sólo era tema de conversación recurrente en la mesa de Vinyes, sino que la lectura de algunas de sus novelas —*Mientras agonizo, Las palmeras salvajes, Luz de agosto*, entre otras— constituyeron una revelación. Así lo reconocerá durante la célebre conversación sostenida con Mario Vargas Llosa en Lima, en la Universidad de San Marcos:

> El método 'faulkneriano' es muy eficaz para contar la realidad latinoamericana. Inconscientemente fue eso lo que descubrimos en Faulkner. Es decir, nosotros estábamos viendo esta realidad y queríamos contarla y sabíamos que el método de los europeos no servía, ni el método tradicional español; y de pronto encontramos el método faulkneriano adecuadísimo para contar esta realidad.

En ocasiones, la discusión en las calurosas noches barranquilleras discurría por los aspectos literarios de la obra del escritor norteamericano, y en medio del acalorado debate García Márquez preguntaba si Faulkner no era un retórico de pacotilla que los tenía engatusados con sus estructuras novelísticas. La presencia era tan avasalladora que el joven autor colombiano siguió —no se puede decir hasta qué punto de manera consciente— los consejos, o la huella, del autor de *El sonido y la furia* en diversas ocasiones.

> El arte nada tiene que ver con el ambiente: no le importa donde está. Si usted se refiere a mí —declaró Faulkner en una entrevista— el mejor empleo que jamás me ofrecieron fue el de administrador de un burdel. En mi opinión es el mejor ambiente en que un artista puede trabajar. Goza de una perfecta libertad económica, está libre del temor y del hambre, dispone de un techo sobre su cabeza y no tiene nada que hacer excepto llevar unas pocas cuentas sencillas e ir a pagarle una vez al mes a la policía local. El lugar está tranquilo durante la mañana, que es la mejor parte del día para trabajar. En las noches hay la suficiente actividad social como para que el artista no se aburra, si no le importa trabajar en ella...

García Márquez vivió varios meses en un hotel de lance, que él y sus amigos llamaban El Rascacielos, en las cercanías de la iglesia de San Nicolás en pleno corazón de Baranquilla. En la portería dejaba sus manuscritos en calidad de prenda cuando no tenía dinero para cubrir el valor de la pieza. Las pájaras de medianoche compartían con él la crema de dientes y el jabón, y durante las plácidas y soleadas mañanas entraban a su pieza en busca de una carta para un hombre remoto y consejos de perro escaldado para sus amores extraviados.

Poco aficionado a las entrevistas, Faulkner tampoco era amigo de las presentaciones en público, las mesas redondas o las conferencias en compañía de otros escritores: “No soy un hombre de letras. Soy un granjero a quien le gusta contar historias", y concluyó en la misma entrevista: "Yo no soy un literato: sólo soy un escritor. No me da gusto hablar de los problemas del oficio". Ocurre igual con García Márquez que no es amigo, casi podría decirse que siente fobia, de las abstracciones y a cualquier pregunta contesta con un cuento.

Finalizada su estadía en El Rascacielos, García Márquez se trasladó al prestigioso y elegante barrio El Prado, y con un poco de dinero se compró un pantalón y unas camisas tropicales de flores y pájaros pintados que, según él en sus memorias, le valieron por un tiempo "una fama secreta de maricón de buque". Los taxistas deslenguados de Barranquilla, que son todos, lo apodaron "trapo loco". A propósito de taxistas, una anécdota imposible de corroborar pero que pone de manifiesto la dimensión maravillosa de la realidad, no importa la latitud, sostiene que en cierta ocasión en que regresó a Barranquilla, cuando ya era un escritor reconocido mundialmente, un chofer de servicio público que lo trasladó del aeropuerto de Soledad al Hotel del Prado pretendió cobrarle el doble de lo que marcaba el taxímetro. Ante las protestas del escritor, el conductor argumentó: "Ajá, acaso tú le vas a creer más a esa máquina que a mí".

El acontecimiento fundamental, en todo caso, durante este período barranquillero fue, como ya se anticipó en buena medida en el capítulo anterior, el viaje a Aracataca en compañía de su madre —el 18 de febrero de 1950, víspera de carnaval— a vender la casa de los abuelos. La misma casa en donde había pasado los primeros siete años de su vida, en donde había descubierto el mundo a través de los ojos del abuelo y del célebre mamotreto que contenía todas las palabras. La misma casa en donde había entrevisto el mundo peculiar y subyugante de las mujeres que pastorearon su niñez, en donde había encontrado el dibujo, la música y la prestidigitación. La misma casa y el mismo pueblo que soportó el esplendor efímero de la compañía bananera y la avalancha incontenible de la hojarasca humana. El mismo pueblo cuyas raíces más remotas se hundían al otro lado de la sierra en la vertiente oriental, y al que se llegaba, o del que se partía, en el inocente tren amarillo que atravesaba las plantaciones con un rumor sordo y cruzaba los puentes con un estruendo de fin de mundo, en cuyos manantiales se bañaban las muchachas desnudas.

El contraste brutal y demoledor entre los recuerdos que el escritor tenía guardados en un remoto pliegue de su memoria y la visión desgarradora de la realidad que se caía a pedazos incontenible en la casa, en el pueblo, en la región toda, como si hubiese desaparecido de allí toda presencia humana y sólo quedaran los fantasmas impenitentes de unos cuantos —como una escena perdida de la Comala de Juan Rulfo—, constituyó para él una epifanía: la revelación deslumbrante de que allí estaba todo el material que necesitaba para su universo de prodigio. Es más, pero sin ir más lejos, que era en él en donde se encontraban todos los elementos y los personajes, los sueños y las pesadillas que poblarían su mundo ficticio. Él mismo lo señala con la claridad que hoy le brindan los años, pero desde ese entonces se convirtió —sin importar si lo sabía a plenitud o no— en el manantial inagotable para nutrir todos sus libros, desde una visión calada hasta la médula de los huesos por la añoranza de un tiempo, de un espacio y de un universo irrepetible: "De allí en adelante —lo dijo en sus memorias—, hasta el día de hoy, quedé a merced de la nostalgia."

Otra vez la yerta capital

La última página de *El Heraldo* en su edición del 24 de diciembre de 1952 publicó un relato de García Márquez con el que él puso fin a su trabajo en ese diario. *El invierno* era el título de ese texto, y la nota que lo antecedía informaba que se trataba de un capítulo de *La hojarasca*. Tres años más tarde, en 1955, apareció el mismo relato en la revista *Mito* con el título que conocen todos sus lectores, *Monólogo de Isabel viendo llover en Macondo*. Pero la nota, que explica la procedencia del relato en sus últimas líneas, se inicia con una serie de consideraciones en torno al joven escritor colombiano. Era la respuesta pública y con pregón a los cuatro vientos a la Editorial Losada de Argentina por el rechazo de la novela. *La hojarasca* apareció publicada en Bogotá dos años más tarde (mayo de 1955), de-

"Gabriel García Márquez, *el conocido escritor colombiano*, publicará algún día *La hojarasca*. Cuando esto ocurra, *la excelente, flexible, renovada prosa de Gabriel García Márquez, el autor de tan magníficos cuentos, pondrá en el exiguo terreno de la novela colombiana una línea divisoria* parecida a la que hace tiempo trazó *Cuatro años a bordo de mí mismo*. Por eso, quienes conocen los originales esperan con entusiasmo que alguna importante imprenta argentina los ponga pronto a navegar. Publicamos a continuación un capítulo de *La hojarasca*. *El joven autor no ha querido escribir una novela cualquiera, sino una con toda la técnica*".

—*El Heraldo*, 24.12.52
(El destacado es nuestro)

dicada a Germán Vargas, con una carátula diseñada por la pintora Cecilia Porras.

Álvaro Mutis, a quien García Márquez había conocido cinco años atrás en Cartagena por intermedio de Gonzalo Mallarino y que visitaba con frecuencia a sus amigos en Barranquilla, fue uno de los responsables del nuevo traslado del escritor a Bogotá en enero de 1954, como redactor de planta de *El Espectador* con un sueldo de novecientos pesos mensuales. A semejanza de lo ocurrido en *El Universal* en Cartagena y en *El Heraldo* en Barranquilla, García Márquez cubrió diversos frentes. Fue reportero, editorialista y registró con un fervor casi ciego la actividad cinematográfica de la ciudad: "El cine en Bogotá. Estrenos de la semana".

En la ensimismada capital, con su esmirriado aeropuerto de Techo y un tímido desarrollo urbanístico que no anticipaba la desmesura actual —Fontibón, Usaquén y Soacha eran poblaciones vecinas separadas de la capital por amplias zonas sin urbanizar—, García Márquez sostenía sus vínculos con la Costa Atlántica, en particular, con sus amigos de Cartagena y Barranquilla, como una manera, por un lado, de supervivencia a 2.650 metros sobre el nivel del mar y, por otra, por la sencilla razón de que cada día era más fuerte y decidida la presencia de la cultura caribe —su música, sus pintores, sus escritores y periodistas— "en la ciudad lúgubre por cuyas callejuelas de piedra traqueteaban todavía, en noches de espantos, las carrozas de los virreyes". Sin embargo, su cotidianidad se reducía al cuarto de la pensión, la oficina de Álvaro Mutis, la sala de redacción del periódico y las oscuras salas de cine.

Una columna publicada por *El Espectador*, que se encuentra recogida en el volumen *Notas de prensa 1980-1984*, "Un payaso pintado detrás de una puerta", es una clara muestra de la convivencia en el autor de esos dos ambientes, el caribeño y el capitalino. La columna, desbordante de nostalgia, fue escrita originalmente a modo de presentación de la exposición inaugural del Museo de Arte Moderno de Cartagena, cuyos cuadros —en donde falta "un payaso pintado detrás de una puerta"— tardaron veinte años en encontrar su lugar apropiado en la ciudad. Los mismos años que García Márquez tardó en encontrar el sitio adecuado en una de sus novelas para colocar la palabra pronunciada por Alejandro Obregón en un incierto amanecer bogotano:

> Hace más de treinta años, la pintora Cecilia Porras pintó un payaso de tamaño natural en el revés de la puerta de una cantina del barrio de Getsemaní, muy cerca de la calle tormentosa de la Media Luna en Cartagena de Indias; lo pintó con la brocha gorda y los barnices de colores de los albañiles que estaban reparando la casa, y al final hizo algo que pocas veces hacía con sus cuadros: firmó.
>
> Desde entonces, la casa donde estaba la cantina ha cambiado muchas veces: la he visto convertida en pensión de estudiantes con oscuros aposentos divididos con tabiques de cartón, la he visto convertida en fonda de chinos, en salón de belleza, en depósito de víveres, en oficina de una empresa de autobuses y, por último, en agencia funeraria. Sin embargo, desde la primera vez que volví a Cartagena al cabo de casi diez años, la puerta había sido sustituida. La busqué en cada viaje, a sabiendas de que las puertas de esa

ciudad misteriosa no se acaban nunca, sino que cambian de lugar, y hace poco la volví a encontrar instalada como en su propia casa en un burdel de pobres del barrio de Torices, donde fui con mis hermanos a rescatar nuestras nostalgias de los malos tiempos. En el revés de la puerta estaba el payaso pintado. Como era apenas natural, la compramos como si fuera un puro capricho de borrachos, la desmontamos del quicio y la mandamos a casa de nuestros padres en una camioneta de alquiler que nunca llegó. Pero no me preocupé demasiado. Sé que la puerta intacta está por ahí, empotrada en algún quicio ocasional, y que el día menos pensado volveré a encontrarla. Y otra vez a comprarla (...).

Pocos años después conocí a Enrique Grau a la salida de un cine en Bogotá, y durante mucho tiempo no hicimos otra cosa que contarnos los argumentos completos de las películas que ya habíamos visto, hasta que descubrimos por casualidad que era él quien había ilustrado el primer cuento que yo publiqué en mi vida, y que ése era además el primer cuento que él había ilustrado en la suya. Grau vivía en un apartamento por cuyas ventanas posteriores se veía el cementerio, y donde hacíamos unas fiestas ruidosas en cuyos silencios casuales escuchábamos el rumor de los muertos pudriéndose en el patio. Eduardo Ramírez Villamizar, en cambio, quien me hizo el gran favor de ilustrar un folleto de publicidad que yo había escrito por necesidad, vivía en una casa en La Perseverancia mucho antes de que vivir en La Perseverancia estuviera de moda, y era una casa grande y desnuda sin más muebles que un catre de penitente y un caballete de pintar. Alejandro Obregón, a quien yo había conocido antes en Barranquilla, en el burdel poblado de tortugas y alcaravanes de Pilar Ternera, iba por esos días a

Bogotá. Una tarde me dijo que iría a dormir a mi cuarto, y como el timbre estaba descompuesto, le dije que me despertara con una piedrecilla en el vidrio de la ventana. Obregón tiró un ladrillo que encontró en una construcción vecina, y yo desperté cubierto por una granizada de vidrio. Pero él entró sin ningún comentario, me ayudó a sacar un colchón que guardaba debajo de mi cama para los peregrinos trasnochados, y se tendió a dormir en el suelo, sin más cobijas que la bufanda de seda italiana que llevaba en el cuello y con los brazos cruzados sobre el pecho como las estatuas yacentes de las viejas catedrales. Se despertó muy temprano y, con sus intensos ojos de agua fijos en el cielo raso, dijo:

—Eritreno. ¿Qué significa eritreno?

—No sé —le dije—, pero algún día encontraré dónde ponerla".

A semejanza de este texto, es posible encontrar algunos otros de época, como el que escribió para la inauguración de la primera exposición de la Galería El Callejón en la Librería Central que se iniciaba con una muestra del pintor Armando Villegas. Pero lo fundamental de su permanencia en Bogotá, en la planta de *El Espectador* son las notas sobre cine —elocuentes, precisas y emocionadas—, y sus reportajes, entre los cuales destaca de manera especial uno que saben casi de memoria sus lectores y que todo el mundo conoce simplemente como el *Relato de un náufrago*.

Los hechos narrados en ese reportaje tuvieron lugar en los días siguientes al 28 de febrero de 1955, fecha en la que se conoció la noticia de que ocho miembros de la tripulación de un barco de la Armada Nacional, el destructor *Caldas*, habían caído al agua y desaparecido a causa de una tormenta en el mar Caribe. En el reportaje realizado por García Márquez el único sobreviviente, el marino Luis Alejandro Velasco —que apareció diez días después del suceso en una playa desierta de la costa norte de Colombia—, revelaba que ese día no hubo en todo el Caribe ninguna tormenta, que la nave había dado un bandazo por el viento en la mar gruesa, que se había soltado parte de la carga que se encontraba mal amarrada en la cubierta, y que él y siete de sus compañeros habían caído al agua. Semejante confesión implicaba tres gravísimas faltas: transportar carga en un buque de la Marina de Guerra, el sobrepeso como la principal causa para no poder maniobrar y rescatar a los náufragos y, por último, contrabandear electrodomésticos (neveras, televisores, lavadoras, etc.) en un buque de la Armada colombiana.

El reportaje apareció en *El Espectador* un mes después de ocurridos los hechos, cuando el marino se hartó de la farsa que había montado la Armada con la complacencia de las prendas de marca y los medios de comunicación, a la cual él había contribuido de manera bastante oportunista. Dividido en catorce episodios y contado en primera persona como si el propio Luis Alejandro Velasco lo hubiera escrito, cada una de las entregas del reportaje agotó durante dos semanas consecutivas la edición del periódico. "Era tan minucioso y apasionante, que mi único problema literario sería —explicó García Márquez quince años más tarde, cuando autorizó su publicación bajo su nombre y con el título de *Relato de un náufrago*— conseguir que el lector lo creyera. No fue sólo por eso, sino también porque nos pareció justo, que acordamos escribirlo en primera persona y firmado por él". A pesar de las presiones y amenazas, el marino Velasco no desmintió una sola palabra y debió abandonar la Marina y desaparecer en el bullicio triste y sordo de la vida común. En previsión a lo que pudiera pasar —y no estuvo de más, pues unos meses más tarde *El Espectador* fue clausurado por la dictadura militar de Rojas Pinilla que padecía entonces Colombia— García Márquez fue enviado por el diario como corresponsal a Europa, y, como él mismo se encargó en señalarlo, empezó para el joven escritor un exilio errante en París que mucho se pareció a una balsa a la deriva.

Los quebrantos de salud del papa Pío XII en el Vaticano, la conferencia en Ginebra de los cuatro grandes (Estados Unidos, Inglaterra, Francia y la Unión Soviética), a semejanza de las reuniones actuales del G8, fueron los acontecimientos que ocuparon en un principio la atención del corresponsal colombiano en Europa, aparte de la tremenda decepción que le produjo descubrir que los prados en las afueras de París eran del mismo verde que en la sabana de Bogotá. García Márquez viajó de Bogotá a París el viernes 15 de julio de 1955. El domingo 17 tomó un tren y llegó ese mismo día a Ginebra. La ciudad, a orillas del lago Leman, padecía una ola de calor y la temperatura era la misma de Barranquilla (treinta grados centígrados), pero sin la humedad característica de la ciudad costeña. Así trascurrió toda la semana, sin que la conferencia se robara por completo la atención del corresponsal. A comienzos de agosto el escritor se encontraba en Roma, desde donde envió al periódico en Bogotá cinco reportajes sobre el Papa. Unas semanas más tarde, García Márquez estaba en Venecia cubriendo un evento que acaparaba todo su entusiasmo, la xvi Exposición de Arte Cinematográfico de Venecia. Dos semanas consecutivas de proyecciones, a todas las horas del día y hasta bien entrada la noche, le proporcionaron una borrachera de cine de tales magnitudes que fue muy poco lo que percibió de la ciudad que todavía hoy sobrevive de milagro a las olas que producen los motores fuera de borda, y tampoco se percató de la vaharada nauseabunda que se levantaba de los canales muertos en el sopor del mediodía en pleno verano.

Poco después, cuando las hojas de los árboles empezaron a amarillear como tímidos anuncios del otoño que se avecinaba, el escritor colombiano se trasladó a Viena con el propósito de entrar por allí al bloque soviético y visitar Polonia, Checoslovaquia, Hungría, Ucrania y Rusia. Pero los malos augurios de una pitonisa lo hicieron desistir y regresó en carreras a Roma, en donde ingresó al Centro Experimental de Cine. Todavía creía, y lo seguiría creyendo durante los siguientes diez años, que en el cine podía encontrar los medios adecuados para expresar ese mundo que bullía en su interior. A pesar del entusiasmo con que ingresó a los estudios de Cinecittà, se aburrió del academicismo y se retiró a los dos meses. Así fue como a mediados de diciembre llegó a París con muy poco dinero: apenas el reembolso de un centenar de francos por el tiquete de vuelta. Estaba decidido a permanecer un poco más en el Viejo Continente. En la capital francesa se instaló en el Hotel de Flandre, en el número 16 de la rue Cujas, propiedad del matrimonio Lacroix. En febrero se quedó sin dinero, ni siquiera tenía para pagar el hotel, entonces madame Lacroix lo envió a la buhardilla del séptimo piso hasta que pudiera pagar. Para ella, él se convertiría en el señor Márquez, el periodista del séptimo piso. Dieciocho meses más tarde la deuda era de 120 mil francos, tanto dinero que ella se negó a recibirlo en un solo contado cuando García Márquez fue a pagarle gracias a la generosidad de su amigo, el pintor colombiano Hernán Vieco. Allí, en París, durante poco más de un año el escritor descubrió que las afugias económicas eran mucho más acuciantes en la célebre Ciudad Luz que las padecidas años atrás en una capital de provincia.

Sin tiquete de regreso, sin dinero y sin empleo comenzó para el escritor una etapa de austeridad suprema que se prolongaría todo el año: comer sólo una vez cuando había suerte y "escribir de noche y dormir de día" para confundir el hambre. En París, el futuro Nobel de Literatura abandonó la novela de los pasquines que había empezado unas semanas atrás y dio comienzo, en la primavera del 56, a un nuevo relato. La historia de un coronel de la Guerra de los Mil Días, que padeció —como dijo alguien en cierta ocasión— de "rigor" ético, devastado por más de medio siglo de espera de las promesas incumplidas del Gobierno Nacional. Era la parábola del hombre que no se rindió nunca a la derrota inevitable de la injusticia, el abandono, la soledad y la indiferencia. Una pequeña y sobria obra maestra, tan ajustada y precisa como un mecanismo de relojería, que el joven escritor iría construyendo paso a paso, mientras sus deudas en el hotel seguían acumulándose y él recogía las botellas de los restaurantes y las revistas y los periódicos viejos que cambiaba por unos cuantos francos para realizar el milagro cotidiano de seguir viviendo.

De manera similar a como el escritor resolvía a diario el milagro de seguir vivo, de estar ahí, aunque fuera en los puros huesos, pero con la fe intacta en su escritura, el coronel repetía también todos los días el mismo milagro en un pueblo olvidado de Dios y de la memoria de los hombres, convencido de que estaría vivo cuando llegara la carta. García Márquez ha sido de una fidelidad insobornable a un principio que él mismo ha expresado en diversas oportunidades: "Toda buena novela es una transposición poética de la realidad", con una variante que conduce al mismo punto, sin alterar para nada el dictamen ético y estético que se desprende de dicho principio: "Toda buena novela no es más que una adivinanza del mundo".

Un respiro, si se quiere, fue el viaje con Plinio Apuleyo Mendoza por la —en ese entonces— República Democrática Alemana, la Unión Soviética y Hungría, gracias a la complicidad de Delia Zapata Olivella, que lo incluyó en el elenco de músicos y bailarines de su ballet folclórico. El resultado más inmediato de ese viaje fue la célebre serie de reportajes "90 días tras la Cortina de Hierro" que publicó en Bogotá la revista *Cromos*. A Checoslovaquia y Hungría volvería años más tarde, en 1968, en compañía de Carlos Fuentes y Milán Kundera, para expresar su solidaridad con la aplastada "Primavera de Praga".

García Márquez sobrevivió de milagro a su exilio en París, sostenido apenas por su empecinada voluntad de convertirse en escritor a como diera lugar, a los dólares ocasionales que recibía de sus amigos, creadores de la SAGA —Sociedad de Amigos para Ayudar a Gabito—, desde la remota Barranquilla y a otros dineros —escasos y muy contados— que recibía por sus crónicas aparecidas en una revista venezolana, cuyo jefe de redacción era Plinio desde el 56.

García Márquez llegaría a Caracas el 23 de diciembre de 1957, para empezar a colaborar en varias publicaciones venezolanas y desde allí viajaría a Colombia en marzo del año siguiente para casarse con Mercedes Barcha. La revista *Mito*, que tres años atrás había dado a conocer el *Monólogo de Isabel viendo llover en Macondo*, publicó por primera vez *El coronel no tiene quien le escriba*. Pero faltarían otros tres años para que un editor, Alberto Aguirre, publicara el libro, cuyos derechos adquirió por la increíble suma de apenas ochocientos pesos. En su magnanimidad, el editor aceptó hacer un anticipo: doscientos pesos.

Así fue siempre, sin un instante de sosiego durante muchos años, hasta unas cuantas semanas después de salir al mercado en Buenos Aires la primera edición de *Cien años de soledad*.

Caracas-Bogotá, La Habana-Nueva York

García Márquez volvió a América dos años y medio después de su viaje a Europa como corresponsal de *El Espectador*. El arribo a Caracas no lo alivió por completo de las penurias pasadas en el Viejo Continente, pero sí le permitió un respiro que lo condujo, unos meses más tarde, directo al altar. Entre la caída del régimen de Marcos Pérez Jiménez en Venezuela en los días 22 y 23 de enero de 1958, y la visita de Richard Nixon a Caracas el 13 de mayo de ese mismo año —dos hechos que provocaron grandes movilizaciones y disturbios en la capital venezolana—, el escritor tuvo tiempo para escaparse unos días a Barranquilla y contraer matrimonio con Mercedes Barcha Pardo el viernes 21 de marzo en la iglesia del Perpetuo Socorro del barrio Boston. Finalizaban así trece años de noviazgo y cuatro de compromiso.

La había conocido en un baile de estudiantes en Sucre, cuando Mercedes era una niña de trece años que acababa de terminar sus estudios de primaria. Pero desde entonces el escritor decidió que ella sería su compañera de toda la vida. De ascendencia egipcia —su bisabuelo había nacido en Siria y su abuelo en Alejandría—, Mercedes tenía desde siempre —como la describe el narrador al final de *Cien años de soledad*, cuando habla de Gabriel y su novia— "la sigilosa belleza de una serpiente del Nilo". En la vida cotidiana, cuando el escritor se refería a ella hablaba de "el cocodrilo sagrado". Fueron casi vecinos en Sucre, luego ella se fue con su familia a Barranquilla, pero al poco tiempo estaba interna en Medellín haciendo el bachillerato, de modo que fueron escasos y desperdigados los años en que pudieron verse y cultivar su noviazgo. Sin embargo, Mercedes hizo gala de paciencia, cultivó sus sentimientos, escribió cartas, veló desde la botica de su padre y esperó sin prisas.

Pero los acontecimientos que se incubaban en el subcontinente latinoamericano no le iban a dar un minuto de respiro al periodista instalado en Caracas. Se avecinaba una década de efervescencia política, de convulsión y de fractura en varios países. Era la época de las dictaduras aupadas por Washington. Una historia que se repite por ciclos desde hace casi doscientos años. La segunda mitad de la década de los años cincuenta del siglo XX se caracterizó por el derrumbamiento, casi en secuencia de dominó, de varios de esos regímenes: Juan Domingo Perón había sido derrocado en el 55 en Argentina; en el 56, lo fueron Manuel Odría en el Perú y Anastasio Somoza en Nicaragua —este último, el primero de la dinastía de marras que se encaramó durante cuarenta y tres años en el poder de ese pequeño país centroamericano—, al año siguiente el turno le correspondió a Gustavo Rojas Pinilla; a comienzos de 1958 la marea llegó a Caracas y Marcos Pérez Jiménez se fugó del país en un vuelo nocturno rumbo a Santo Domingo; en diciembre del mismo año fue el régimen de Fulgencio Batista en Cuba el que emprendió el camino del exilio, después de haber dominado la escena política de su país desde la céle-

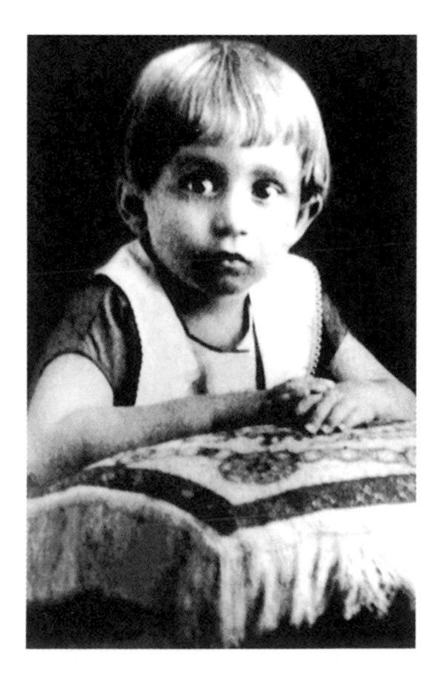

Arriba izquierda: *Nicolás Ricardo Márquez Mejía, abuelo materno de Gabriel García Márquez, 1914.*

Arriba derecha: *Luisa Santiaga Márquez Iguarán, madre del autor, 1924.*

Izquierda: *Gabo a los tres años. Circa, 1930.*

Paginas siguientes: *Cena de despedida a Ramón Vinyes. De pie (de izquierda a derecha) Germán Vargas, Fernando Cepeda y Roca, Orlando Rivera. Sentados: Eduardo Fuenmayor, Gabo, Alfonso Fuenmayor, Ramón Vinyes y Rafael Marriaga.*

© Jorge Rendón

Arriba:
Gabriel García Márquez junto a su esposa Mercedes Barcha, en México, por la época de Cien años de soledad.

Página siguiente:
Arriba: *Gabo en compañía de Paco Porrúa, el primer editor de* Cien años de soledad. *Circa, 1968.*
Abajo: *Con Juan Rulfo.*

© Estefanía Morales

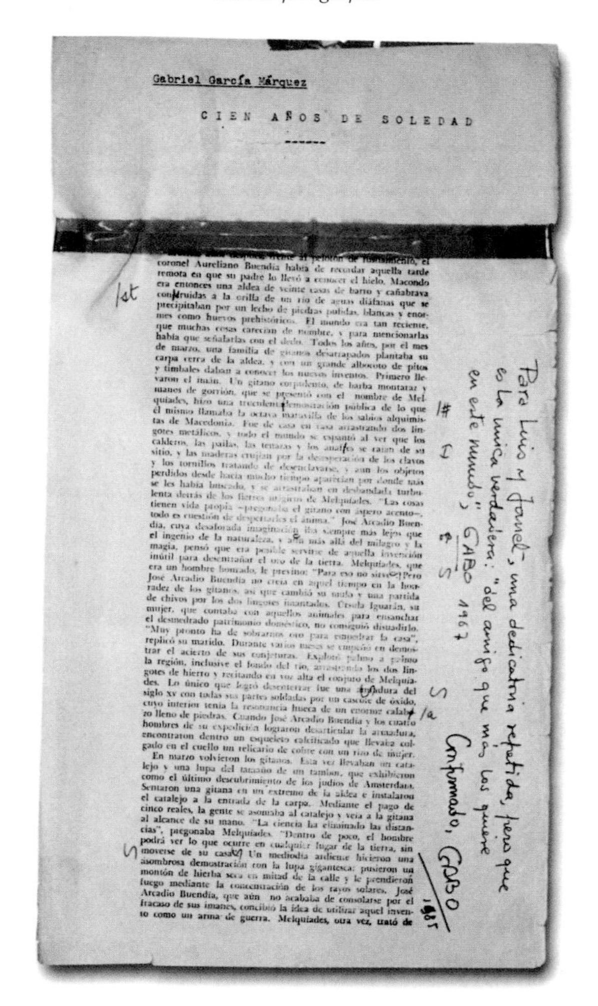

Gabriel García Márquez

C I E N A Ñ O S D E S O L E D A D

[illegible] frente al pelotón de fusilamiento, el coronel Aureliano Buendía había de recordar aquella tarde remota en que su padre lo llevó a conocer el hielo. Macondo era entonces una aldea de veinte casas de barro y cañabrava construidas a la orilla de un río de aguas diáfanas que se precipitaban por un lecho de piedras pulidas, blancas y enormes como huevos prehistóricos. El mundo era tan reciente, que muchas cosas carecían de nombre, y para mencionarlas había que señalarlas con el dedo. Todos los años, por el mes de marzo, una familia de gitanos desarrapados plantaba su carpa cerca de la aldea, y con un grande alboroto de pitos y timbales daban a conocer los nuevos inventos. Primero llevaron el imán. Un gitano corpulento, de barba montaraz y manos de gorrión, que se presentó con el nombre de Melquíades, hizo una truculenta demostración pública de lo que él mismo llamaba la octava maravilla de los sabios alquimistas de Macedonia. Fue de casa en casa arrastrando dos lingotes metálicos, y todo el mundo se espantó al ver que los calderos, las pailas, las tenazas y los anafes se caían de su sitio, y las maderas crujían por la desesperación de los clavos y los tornillos tratando de desenclavarse, y aun los objetos perdidos desde hacía mucho tiempo aparecían por donde más se les había buscado, y se arrastraban en desbandada turbulenta detrás de los fierros mágicos de Melquíades. "Las cosas tienen vida propia —pregonaba el gitano con áspero acento—, todo es cuestión de despertarles el ánima." José Arcadio Buendía, cuya desaforada imaginación iba siempre más lejos que el ingenio de la naturaleza, y aún más allá del milagro y la magia, pensó que era posible servirse de aquella invención inútil para desentrañar el oro de la tierra. Melquíades, que era un hombre honrado, le previno: "Para eso no sirve." Pero José Arcadio Buendía no creía en aquel tiempo en la honradez de los gitanos, así que cambió su mulo y una partida de chivos por los dos lingotes imantados. Úrsula Iguarán, su mujer, que contaba con aquellos animales para ensanchar el desmedrado patrimonio doméstico, no consiguió disuadirlo. "Muy pronto ha de sobrarnos oro para empedrar la casa", replicó su marido. Durante varios meses se empeñó en demostrar el acierto de sus conjeturas. Exploró palmo a palmo la región, inclusive el fondo del río, arrastrando los dos lingotes de hierro y recitando en voz alta el conjuro de Melquíades. Lo único que logró desenterrar fue una armadura del siglo XV con todas sus partes soldadas por un cascote de óxido, cuyo interior tenía la resonancia hueca de un enorme calabazo lleno de piedras. Cuando José Arcadio Buendía y los cuatro hombres de su expedición lograron desarticular la armadura, encontraron dentro un esqueleto calcificado que llevaba colgado en el cuello un relicario de cobre con un rizo de mujer.

En marzo volvieron los gitanos. Esta vez llevaban un catalejo y una lupa del tamaño de un tambor, que exhibieron como el último descubrimiento de los judíos de Amsterdam. Sentaron una gitana en un extremo de la aldea e instalaron el catalejo a la entrada de la carpa. Mediante el pago de cinco reales, la gente se asomaba al catalejo y veía a la gitana al alcance de su mano. "La ciencia ha eliminado las distancias", pregonaba Melquíades. "Dentro de poco, el hombre podrá ver lo que ocurre en cualquier lugar de la tierra, sin moverse de su casa." Un mediodía ardiente hicieron una asombrosa demostración con la lupa gigantesca: pusieron un montón de hierba seca en mitad de la calle y le prendieron fuego mediante la concentración de los rayos solares. José Arcadio Buendía, que aún no acababa de consolarse por el fracaso de sus imanes, concibió la idea de utilizar aquel invento como un arma de guerra. Melquíades, otra vez, trató de

Para Luis y Janet, una dedicatoria repetida, pero que es la única verdadera: "del amigo que más los quiere en este mundo", GABO 1967

Confirmado, GABO 1985

Arriba:

Primera página de las pruebas de galeras de Cien años de soledad.

Páginas anteriores:

García Márquez en el estudio de Darío Morales en París.

bre "rebelión de los sargentos", ocurrida en 1933. Dos años más tarde cerraría el desfile, en República Dominicana, tal vez uno de los más recalcitrantes y empecinados amantes del poder, el general de cinco soles (ningún guerrero en la historia del mundo se ha atrevido a portar tantas condecoraciones), Rafael Leonidas Trujillo Molina, luego de 31 años de ejercicio omnímodo del poder, durante los cuales contó con el beneplácito y el apoyo incondicional del Departamento de Estado de los Estados Unidos.

Mientras tanto, allá en la remota Caracas envuelta en la incertidumbre del poder, poco antes de despuntar el alba del 23 de enero de 1958, el joven periodista presenció una escena que él mismo se ha encargado de recordar una y otra vez y señalar como uno de esos momentos germinales, casi oscuros en su inmediatez, pero que con el transcurrir de los años terminarán por mostrar su fuerza y poder evocador, hasta constituir la piedra de toque del proceso de gestación de la novela del anciano decrépito con manos de doncella púdica: *El otoño del patriarca*.

Pero bastaron unos pocos meses para que —antes de que se repusiera por completo del impacto causado por el episodio del militar en retirada, de que tuviera el tiempo suficiente para digerir y

"Eran como las cuatro de la mañana, y los militares, entre demócratas y golpistas, llevaban toda la noche discutiendo la formación de la Junta de Gobierno. De pronto, se abrió la sala del poder y salió uno de los militares perdedores, apuntando con una metralleta mientras caminaba de espaldas, y sus botas de campaña dejaron un rastro de barro en las alfombras del palacio, antes de marcharse al exilio (...). 'Fue en ese instante..., cuando tuve la intuición del poder, del misterio del poder'".

—Saldívar, *Viaje a la semilla,* 1997

concretar ese momento del oficial desconocido escudado apenas en un arma, mientras sus botas embarradas van dejando las huellas en las finas alfombras del palacio presidencial— otro asunto de singular importancia para el continente atraía la atención del periodista recién casado.

El 8 de enero de 1959 Fidel Castro entraba triunfante en La Habana, acompañado por la mayoría de ese grupo de románticos revolucionarios que había desembarcado en los últimos días del 56 en la playa cubana de las Coloradas a bordo del bote *Granma*. Doce años atrás, cuando apenas llegaba a los veinte, en 1947, Castro había ingresado al Partido Cubano del Pueblo. Al año siguiente, con motivo del asesinato de Jorge Eliécer Gaitán, fue testigo de excepción de los acontecimientos ocurridos en Bogotá, a donde había llegado seis días antes como delegado de la Universidad de La Habana a un congreso estudiantil. Nadie podía pronosticar que esos dos jóvenes de la misma edad —ambos son del 27, García Márquez apenas cinco meses mayor que Castro—, que se desconocían en ese entonces a pesar de estar viviendo la misma escena y presenciando la misma devastación, serían a la vuelta de unos años, dos de las más importantes personalidades, uno en la política y otro en la literatura latinoamericana de las últimas cuatro décadas. Se conocerían once años más tarde, poco después de la entrada de Castro en La Habana al frente de sus hombres, cuando el escritor, aunque todavía

"Ninguno tenía noticias del otro. No nos conocía nadie, ni siquiera nosotros mismos."

—Fidel Castro, "La novela de sus recuerdos", en revista *Cambio*, Bogotá, 07.10.02

desconocido, había ya concluido *El coronel no tiene quien le escriba*, su obra más perfecta. "El ciego y preciso azar", sentenciaría Borges.

El triunfo de la revolución cubana fue para la mayoría de los latinoamericanos un hecho sin precedentes, que abría un montón de ventanas al futuro y generaba múltiples expectativas. Ni García Márquez ni su compañero de andanzas e infortunios en Caracas, Plinio Apuleyo, fueron ajenos a esa atmósfera, a tal punto de que ambos viajaron a La Habana por unos pocos días con el propósito de palpar esa ebullición popular en plena efervescencia y presenciar los primeros juicios públicos a los criminales de la dictadura de Batista. Unos meses más tarde, desde Bogotá, Plinio llamaría al escritor, todavía en Caracas, para fundar en la capital colombiana *Prensa Latina*, la agencia de noticias de la revolución. Se trataba apenas de un local en pleno corazón de la ciudad con un télex, un radio encendido las veinticuatro horas y varias máquinas de escribir.

Dos hechos más, uno familiar y otro literario, vendrían a completar el agitado panorama de esos días. El 24 de agosto nació su primer hijo, Rodrigo —el mismo nombre que soñaría muchos años después Amaranta en *Cien años de soledad* para uno de los dos hijos que quiso tener—. El asunto literario consistió en que el I Festival del Libro Colombiano, promovido por el escritor peruano Manuel Scorza, incluyó entre los diez títulos más representativos de la literatura colombiana *La hojarasca*. La misma novela rechazada cinco años atrás por una editorial argentina. Las reflexiones que suscitó esta circunstancia condujeron al escritor a la redacción de un artículo brutalmente esclarecedor "La literatura colombiana, un fraude a la nación". En él, el joven autor llamaba la atención sobre el hecho desconcertante de que los diez títulos más representativos de la producción literaria nacional abarcaban doscientos años de trabajo incesante, de que en Colombia no existiera una tradición literaria, de que el país careciera de escritores profesionales, de que la literatura nuestra fuera una literatura de fin de semana y, por lo tanto, de hombres cansados, de la ausencia total de una crítica seria y valorativa. En resumen, un fraude a la nación.

La segunda edición de su primera novela, y la finalización de la historia del coronel retirado que espera su pensión, fueron brindándole al autor ciertas pautas para alcanzar la claridad que tanto escaseó en los años anteriores. Esa feliz circunstancia le permitió, en poco tiempo, terminar la primera versión de "el mamotreto" —el fajo de cuartillas amarradas con una corbata que lo acompañaba a todas partes— e iniciar la redacción sistemática de los cuentos que conformarían el volumen *Los funerales de la Mamá Grande*.

Ese renombrado "mamotreto", ¿era acaso el primer borrador de la novela de los pasquines que suspendió en París para escribir la historia del coronel jubilado a los veinte años? Se puede suponer que sí, porque el otro fajo de cuartillas, aquel que dejaba en prenda en la portería del hotel de mala muerte de Barranquilla, el mismo que alguien denominó *Ya cortamos el heno* y que él en algún momento llamó *La casa* debió terminar su trasiego con la publicación de *La hojarasca*. El "mamotreto", entonces, se puede conjeturar, era el borrador de la novela que en 1962 ganaría el Premio Esso de Novela, *La mala hora*.

El comienzo de los años sesenta fue igual de agitado. Entre la actividad febril de la agencia de prensa, la familia creciendo y la claridad que empezó a vislumbrar en su quehacer literario, a García Márquez le quedaba poco tiempo para nada más. Sin embargo, antes de finalizar el año el escritor se encontraba de nuevo en La Habana con el propósito de recibir instrucciones y un poco de adiestramiento para fundar *Prensa Latina* en otro país. Allí conoció a Rodolfo Walsh, un estupendo escritor argentino por el cual, veinte años después, el Nobel reclamaría de manera infructuosa a la Junta Militar argentina alguna razón de su paradero. Trabajaron día y noche en la difusión de la revolución cubana con el ánimo de contrarrestar la avalancha de cables de las agencias norteamericanas.

En las instalaciones de *Prensa Latina* en La Habana era tan ardorosa la actividad las veinticuatro horas del día, que en alguna ocasión García Márquez se atrevió a afirmar, con toda la socarronería que puede esconder un comentario de esa naturaleza: "Si algo va a hundir esta revolución es la cuenta de la luz".

El nuevo destino para el joven escritor y su familia fue Montreal. Allí se debía fundar la nueva agencia de prensa, de modo que a las pocas semanas de encontrarse en Cuba, los tres se trasladaron a Nueva York con el propósito de esperar allí —se suponía que la escala no sobrepasaría los dos meses— una visa que nunca llegó. De un momento a otro el mundo quedó reducido a un pequeño cuarto de hotel en Manhattan y

> "...no había conocido hasta entonces un lugar más idóneo para morir asesinado (...). Cuando aquel lugar se hizo insoportable, ...nos subimos en el primer autobús que salió para el sur (...). No dejaba de ser una bella locura: tratábamos de llegar a Colombia a través de los algodonales y los pueblos de negros de Estados Unidos, llevando como única guía mi memoria reciente de las novelas de William Faulkner".
>
> —G. G. M., "Regreso a México", *Notas de Prensa 1980-1984*

a una deprimente oficina en un edificio del Rockefeller Center, desde donde operaba la agencia en Estados Unidos. Tal vez aburrido de esperar, incómodo con la secreta urdimbre de intrigas que se tejían en el ámbito político cubano, el escritor renunció decidido a volver por los fueros de la literatura. Fue así como se embarcó en un bus de la Greyhound con Mercedes, Rodrigo y trescientos dólares, rumbo al sur del país con el propósito de conocer de primera mano los escenarios de las novelas de su maestro y Premio Nobel de Literatura de 1949.

Al final del Sur está México

El viaje por el sur de los Estados Unidos tenía puntos obligados como Nueva Orleans. El otro sitio del que se sabe a ciencia cierta fue Laredo, ya en la frontera de México. En el arco que sobre el Golfo de México generan estos dos puntos, varias ciudades podrían ser de interés para la familia. Es muy posible que García Márquez no haya visitado Oxford ni New Albany —la arcadia de Faulkner— al norte, y que, probablemente, haya atravesado el estado de Mississippi por el sur para llegar de una manera más directa a Nueva Orleans. Incluso se puede suponer que haya pasado por Mobile, Alabama, antes de adentrarse en el faulkneriano estado sureño, pues desde allí partió, a comienzos de 1955, el destructor *Caldas* de la Armada colombiana con el marino Luis Alejandro Velasco como integrante de su tripulación.

García Márquez, Mercedes y el pequeño Rodrigo arribaron en tren a Ciudad de México el domingo 2 de julio de 1961. En la estación central los esperaba Álvaro Mutis. Ese mismo día, otro escritor norteamericano, su admirado Ernest Hemingway —a quien unos cuantos años atrás había entrevisto en París caminando por el bulevar Saint-Michel y lo había saludado desde la otra acera con el grito de "Maestro" y el autor de *El viejo y el mar* había respondido en español con la mano en alto, "Adiós, amigo"— se quitaba la vida a las 7:30 de la mañana en una remota vivienda en Ketchum, Idaho, con un disparo de su escopeta de caza en la boca. A la semana siguiente de su arribo a la capital azteca, García Márquez hacía su aparición en el magazín cultural *México en la cultura*, con un artículo sobre Hemingway: "Un hombre ha muerto de muerte natural". En él sostenía que el escritor norteamericano, inferior a Faulkner, incluso a otros de la célebre "generación perdida", perduraría en la historia de la literatura, no tanto por la destreza del oficio, como por lo que sabía de los hombres.

La instalación en este nuevo destino tuvo sus tropiezos. Aunque Ciudad de México no se caracterizaba entonces por la desmesura, que es uno de sus sellos distintivos en el siglo XXI, ya era una ciudad de más de cuatro millones de habitantes y estaba a punto de perder para siempre esa luz sin igual que le permitió ser por muchos años "la región más transparente del aire", como anunciaban orgullosas por la radio las emisoras locales. Las autoridades, en cambio, no parecían muy interesadas en los inmigrantes, de modo que conseguir un permiso de trabajo exigía una infinita paciencia y el padecimiento inclemente de filas interminables. La fortuna estaba en Álvaro Mutis, quien había llegado a la capital mexicana cinco años atrás y establecido contacto y amistad con un numeroso grupo de personalidades del arte, la literatura, el cine y la cultura en general. Había pasado quince meses en prisión, demandado por la Esso de Colombia, que no compartía en modo alguno el uso que el poeta, en su generosidad y deseos de ayudar, había dado a parte de los recursos económicos destinados para las relaciones públicas de la compañía. Cuando

García Márquez arribó a México, hacía año y medio Mutis estaba por fuera de la tenebrosa prisión de Lecumberri, gozaba de entera libertad y parecía como si estuviera estrenando vida nueva.

Uno de los primeros trabajos de Gabriel García Márquez, gracias a sus amigos, fue la realización de una serie de comentarios de prensa, que leía de viva voz para la Radio Universidad. Un poco más tarde, con ayuda de Álvaro Mutis, se convirtió en director de dos revistas de Gustavo Alatriste, *La familia* y *Sucesos para todos,* bajo la condición de que su nombre no apareciera en las "banderas" ni tuviera que firmar nada con su nombre. Se trataba de dos publicaciones muy distintas. La primera era una revista de chismes familiares —una especie de prensa rosa de la época—, mientras la segunda estaba dedicada a

"Una noche Álvaro Mutis me llamó por teléfono: 'Vengan a cenar a mi casa porque estoy esperando un amigo que pasa por México'. Faltaba mucho, pero mucho, para la publicación, incluso para la escritura de *Cien años de soledad.* Los comensales éramos Carmen, Álvaro, mi esposo (Jomí García Ascot) y yo. Al fin la puerta se abrió, y llegó un Gabo jovencito, jovencito, delgadito, delgadito. Mutis lo presentó; le dijo al rato: 'Cuenta, Gabo, cuenta'. Pero Gabo estaba un poco cortado. Al final, tímidamente y a regañadientes, accedió a contarnos la historia de un barco que había visto alguna vez no sé dónde, y que en *Cien años de soledad* aparece justo en medio de la selva. Nos contó también que una tarde, en su pueblo, había visto llover flores. Yo soy de Pamplona. Soy una niña de la guerra que atravesó una situación muy difícil en la posguerra. Le pregunté: '¿Cómo que llover flores?'. Me contestó: 'Sí, en lugar de agua llovieron flores'. Tuve la impresión de que estaba hablando con alguien de otro mundo, el gitano que le vendía imanes a José Arcadio Buendía".

—Testimonio de María Luisa Elío, "Memoria de una orquídea tropical", en revista *Cambio,* Bogotá, 07.10.02

"En esas estaba, cuando Álvaro Mutis subió a grandes zancadas los siete pisos de mi casa con un paquete de libros, separó del montón el más pequeño y corto, y me dijo muerto de risa:
—¡Lea esa vaina, carajo, para que aprenda!
Era *Pedro Páramo*.
Aquella noche no pude dormir mientras no terminé la segunda lectura. Nunca, desde la noche tremenda en que leí *La metamorfosis* de Kafka en una lúgubre pensión de estudiantes de Bogotá —casi diez años atrás—, había sufrido una conmoción semejante. Al día siguiente leí *El llano en llamas*, y el asombro permaneció intacto".

—G. G. M., *Breves nostalgias de Juan Rulfo*

sucesos de sangre. Por fortuna, al mismo tiempo, el círculo de amigos se iba ampliando con algunos de los conocidos de Mutis (como Octavio Paz, Carlos Fuentes, Juan José Arreola, Jaime García Terrés, Fernando Benítez, Vicente Rojo, Ramón Xirau, Jomí García Ascot, María Luisa Elío, Elena Poniatowska, José de la Colina, Luis Buñuel y Juan Rulfo), mientras él seguía rumiando sus demonios. García Márquez era por esos años un autor de varios libros, todos ellos clandestinos: *La hojarasca, El coronel no tiene quien le escriba, Los funerales de la Mamá Grande,* que había terminado en los años inmediatamente anteriores en Bogotá, y *La mala hora*, de la cual había, por fin, concluido una primera versión.

Pero ahí no radicaba el meollo de la cuestión:

> Mi problema grande de novelista era que después de aquellos libros [que tenían una escasa difusión o que habían sido descartados por editoriales que no querían arriesgar y, por consiguiente, todavía carecían de editor] me sentía metido en un callejón sin salida, y estaba buscando por todos lados una brecha para escapar. Sentía

que aún me quedaban muchos libros pendientes, pero no concebía un modo convincente y poético de escribirlos.

Como dijo muchos años más tarde en compañía de Mario Vargas Llosa, ellos, es decir, muchos de los nacidos entre 1900 y 1940, sabían que el modo español no servía, como tampoco era útil el francés, el alemán o el inglés. Y no encontraban, desde la perspectiva local, el método y el modo apropiado —convincente y poético—, para contar la realidad latinoamericana. Álvaro Mutis fue entonces una ayuda providencial, tanto para la familia del escritor como para el autor que no acaba de encajar del todo en el medio mexicano, mientras se debatía con el oficio y sus demonios internos.

Pulida y lista para ser publicada, después de un arduo periplo que empezó en París, continuó en Caracas y Bogotá, luego en Nueva York y, por último, en Ciudad de México, en medio de las afugias económicas, *La mala hora* —que en esos momentos para el autor llevaba por título *En este pueblo de mierda*— también trajo a cuestas sus propios sinsabores. García Márquez quería un sello editorial de alcance continental y aspiraba, además, a editarla de manera simultánea en varios idiomas. Por esos años, la Esso de Colombia había creado un certamen que

"La primera vez que se publicó *La mala hora*, en 1962, un corrector de pruebas se permitió cambiar ciertos términos y almidonar el estilo, en nombre de la pureza del lenguaje. En esta ocasión, a su vez, el autor se ha permitido restituir las incorrecciones idiomáticas y las barbaridades estilísticas, en nombre de su soberana y arbitraria voluntad. Ésta es, pues, la primera edición de *La mala hora*".

—Nota a la primera edición,
Ediciones Era, 1966

gozaba de un relativo prestigio en el ámbito nacional, el Premio Esso de Novela. Guillermo Angulo y Álvaro Mutis lo convencieron de enviarla al concurso. Los tropiezos empezaron en el momento en que se declaró ganadora, pues la impresión del libro estaba contratada para ser realizada en España y allí decidieron almidonar el estilo y privarla de sus localismos. García Márquez desautorizó esa edición de 1962 y sólo consideró como la primera la realizada por Ediciones Era, de México, cuatro años más tarde.

A pesar de la desastrosa edición española de su novela premiada, el escritor tenía motivos suficientes para estar contento y entusiasmado. En primer lugar, con la aparición de *El coronel no tiene quien le escriba* y de *La mala hora,* García Márquez dejaba resuelto —en la práctica— uno de los asuntos más críticos para él y para la literatura colombiana del siglo XX: el de la responsabilidad del escritor frente a la realidad, del papel del autor frente al lector, de la actitud que debe asumir quien escribe en un país sin tradición literaria, de la imaginación *versus* la vida cotidiana, de la pluralidad de cualquier drama humano. Este asunto, en el plano teórico, lo había dejado resuelto tres años atrás en un brillante artículo, "Dos o tres cosas sobre la novela de la violencia".

A las dos novelas publicadas había que añadir la aparición del libro de cuentos *Los funerales de la Mamá Grande* en la edición de la Universidad de Veracruz. Y como si todo lo anterior fuera poco, el 16 de abril de ese año, 1962, nacía su segundo hijo, Gonzalo, el otro nombre con que soñaría Amaranta. La circulación de los libros era difícil, lo sigue siendo hoy en día como parte de las miserias que tienen que afrontar autores, editores y lectores, pero García Márquez confiaba en que la oportuna distribución entre los críticos y los periódicos —al menos en lo que atañía a *El coronel*... y a *Los funerales*..., pues la edición de *La mala hora* estaba descartada— le brindaría en alguna medida la posibilidad de empezar a salir del anonimato como escritor.

Desde entonces García Márquez ha tenido la plena certeza de que la aparición de cada uno de sus libros constituye una operación milimétrica de fechas oportunas, anticipos de capítulos o fragmentos en diversos medios, comentarios de personalidades, distribución adecuada en las librerías, etc., con el fin de alcanzar, desde unas semanas antes de su aparición, la total atención de los lectores. Unos cuantos años más tarde esa operación editorial —la presentación de un nuevo libro— será tan compleja y meticulosa como la de cualquier producto a nivel mundial, en donde el impacto inicial constituye, por su resonancia, uno de los pilares fundamentales para la futura vida del libro.

Pero García Márquez tenía, por esos años, otro asunto pendiente por saldar antes de emprender la redacción definitiva de *Cien años de soledad*: su inclinación por el cine. La creencia de que el poder visual del cine era el medio más idóneo para mostrar al hombre contemporáneo y sus dramas, y, por consiguiente, el mejor instrumento para contar en imágenes visuales —no en imágenes escritas— el mundo que bullía en su interior, lo condujo a insistir en ese medio de expresión. La primera oportunidad de trabajar en el cine mexicano, en el cual se movían muchos de sus amigos, fue la adaptación de *El gallo de oro,* un argumento de Juan Rulfo. De modo que dejó el trabajo en una agencia de publicidad, en donde se encontraba desde hacía unos meses, después de su experiencia al frente de las revistas de Gustavo Alatriste, y se concentró de lleno en la redacción del guión. En poco tiempo estuvo lista la primera versión, pero el productor Manuel Barbachano Ponce anotó que había un serio inconveniente: los diálogos eran colombianos, no mexicanos. Fue en ese momento cuando se incorporó al equipo de trabajo Carlos Fuentes, quien ya era un escritor reconocido por novelas como *La región más transparente* y *La muerte de Artemio Cruz.* Estaban unidos por la común admiración que sentían por la obra de Juan Rulfo, tanto que un tiempo después intentaron la adaptación de *Pedro Páramo.* Pero si bien la primera colaboración fue un éxito, la segunda fue un fracaso por las constantes imposiciones y caprichos del director, al punto de que ambos renunciaron a la tarea.

Hubo más incursiones en el cine. Desde la realización de una película basada en su cuento *En este pueblo no hay ladrones* hasta la redacción de un guión completamente suyo, *Tiempo de morir,* escrito expresamente para Arturo Ripstein. En la película actuaron el escritor y varios de sus amigos: García Márquez fue el dependiente de la taquilla, Luis Buñuel el sacerdote, Juan Rulfo y Carlos Monsiváis los jugadores de dominó, y José Luis Cuevas y Emilio García Riera, los jugadores de billar. En el guión colaboró de nuevo Fuentes en la adaptación de los diálogos. Pero la experiencia cinematográfica llegó a su fin cuando el escritor y Luis Alcoriza —el célebre guionista de Luis Buñuel, quien realizaría casi medio centenar de películas como director y guionista, tales como *Mecánica nacional* y *El esqueleto de la señora Morales*— fueron contratados a sueldo fijo para escribir guiones. Poco tiempo después, García Márquez renunció, al comprender que el cine era una industria comercial que no le brindaba la libertad requerida, que el guionista era apenas una pieza del vasto engranaje, sin autonomía ni identidad, sometido, además, a los caprichos de un director de turno.

"Alcoriza es un escritor excelente, con una práctica cotidiana de cajero de banco. Fue el escritor más inteligente de los primeros guiones para Luis Buñuel y, más tarde, lo haría para sus propias películas".

—G. G. M.

Saldada esa cuenta pendiente, convencido de que el cine no le brindaba las esperanzas que él había cifrado en ese medio desde los tiempos de Roma, incluso desde antes, el camino de García Márquez quedó libre de "distracciones" y, como lo había reconocido muchos años atrás, no había alternativa posible y la solución era muy sencilla: "escribir para no morir".

¿"Escribir para no morir", aunque permaneciera desconocido? No, tal vez no era ese el propósito de García Márquez. Dos acontecimientos que tuvieron lugar por esos años dieron comienzo a la salida paulatina del anonimato, de la indiferencia —por parte de editores y lectores, si se quiere—, y condujeron, de pronto, en menos tiempo del previsto, a la celebridad y la fama. El primero de ellos fue el encuentro con Luis Harss y su lectura de los títulos publicados por García Márquez hasta entonces. El otro, fue Carmen Balcells. La agente literaria catalana no era todavía ni sombra de lo que llegó a ser y sigue siendo hoy en día —la figura más importante del mundo editorial en lengua española en lo que concierne a representación y manejo de escritores—, pero su olfato ya estaba lo suficientemente desarrollado para percibir al mago de la literatura en que se convertiría el escritor a la vuelta de poco tiempo. Se conocieron apenas en 1965, pero desde hacía tres años Carmen Balcells era la representante literaria de García Márquez.

"La cueva de la mafia"

En torno a la gestación y posterior redacción de *Cien años de soledad,* su novela cumbre, aunque el autor tenga otras preferencias y muchos lectores también, se han tejido toda suerte de versiones. Desde las que generó el mismo García Márquez cuando habló —fueron muchas las ocasiones— asediado por los periodistas con la novela en plena efervescencia, hasta las que produjeron primero sus amigos y luego los estudiosos de su obra y sus biógrafos, para llegar, si se suman los artículos de ocasión, las tesis de grado y las reseñas periodísticas, a cifras francamente desconcertantes. En Internet, una fuente cada vez más usada, aunque allí se cuelgue una variedad de páginas no todas ellas confiables, aparecen por ejemplo bajo "Gabriel García Márquez" 69 mil referencias sólo en España, 249 mil en idioma español y 710 mil en la totalidad de la Web.

Esta circunstancia conduce a una extravagante situación, parecida a la que padeció el anciano granítico de *El otoño del patriarca,* el viejo enamorado del poder desde tiempos inmemoriales quien, en cierta ocasión, en la que era trasladado en una comitiva presidencial compuesta por varios automóviles que cambiaban durante el recorrido de lugar y orden en el cortejo, terminó por perder el sentido de la realidad al punto de no saber en cuál de todos los autos iba él. Algo similar le sucede al lector de García Márquez cuando deja a un lado sus libros y trata de saber un poco más sobre el escritor colombiano.

En una dimensión un poco menor le ocurre lo mismo a quien trata de contar cómo se gestó y cuándo y en qué circunstancias tuvo lugar la redacción de *Cien años de soledad.* La mayoría de esos intentos se concentran en los veinticuatro meses anteriores a la aparición de la novela. Es decir, a los dos años transcurridos entre mediados de 1965 y el 5 de junio de 1967, fecha en que la Editorial Sudamericana de Buenos Aires puso en venta la obra en las librerías y quioscos de la capital argentina. La redacción, es cierto, ocurrió entre esas fechas. Unos sostienen que fueron casi treinta meses a partir de enero del 65; el autor ha declarado siempre que fueron dieciocho a partir de una mañana de octubre de ese mismo año, y otros sostienen que —ni tan temprano como enero, ni tan tarde como octubre— fueron apenas catorce. Treinta, dieciocho, catorce, ¿qué más da?

Lo más prudente, como ocurre en la mayoría de estos casos, es acogerse a las declaraciones del autor. Dieciocho meses encerrado al final del salón de su casa (La Loma 19, san Ángel Inn, México 20, D. F.), en donde se había construido una especie de estudio, conocido por todos sus amigos como "La cueva de la mafia". Año y medio a partir del momento en que comprendió que el tono más apropiado —convincente y poético— era el mismo que había utilizado su abuela Mina, cuando ponía "su cara de palo", allá en la más remota infancia del escritor, para mantenerlo "atado" a la silla colocada en un rincón de la casa de Aracataca, mientras lo vigilaban los santos acusetas; el mismo tono que asumía la tía Francisca Simodosea Mejía para explicar que un huevo deforme era de basilisco y debían quemarlo en una hoguera en el patio. Tal vez, el mismo tono y la misma cara de palo que adoptó su abuelo, el coronel Nicolás Ricardo Márquez Mejía, Papalelo, cuando lo llevó a conocer el mar siendo un niño y quien, ante su pregunta "¿qué hay en la otra orilla?", sin la menor sombra de duda ni titubeo le respondió: "Del otro lado no hay orilla".

Dieciocho meses, durante los cuales Mercedes asumió todo el peso de la casa, con los cinco mil dólares que García Márquez le entregó y luego el monto del empeño del automóvil Opel que había comprado con el premio de *La hojarasca,* como si se tratara de un mandato divino. Al final de ese año y medio ningún dinero alcanzó, y Mercedes tuvo que echar mano de otros recursos y consiguió que le fiaran la carne y el alquiler de la casa. Se encontraban al límite cuando el escritor dio por terminada la novela, al extremo de que para enviar el original de casi seiscientas cuartillas a Buenos Aires tuvieron que dividirlo en dos mitades y empeñar las últimas posesiones de la casa. García Márquez recuerda que el lacónico comentario de Mercedes una vez despachadas por correo las dos mitades fue: "Ahora lo único que falta es que esta novela sea mala".

Los métodos de los escritores son peculiares. Hemingway, por ejemplo, escribía de pie y su único movimiento consistía en cambiar el peso del cuerpo de una pierna a la otra. Cuando le preguntaron por qué, contestó que para cansarse rápido y no escribir mucha mierda. Faulkner, por su parte, sostenía que sólo necesitaba papel, lápiz, whisky y tabaco. García Márquez, a su vez, tiene un método práctico y efectivo que le permite estar siempre conectado con el relato y no perder ni el hilo ni el impulso. Durante la escritura de *Cien años de soledad* descubrió que una de las grandes dificultades consistía en conectar a la mañana siguiente el trabajo del día anterior. Entonces resolvió que lo único que le permitiría engranar de inmediato consistía en dejar trabajo pendiente (algo parecido a otra estrategia de Hemingway, quien también sostenía que nunca había que agotar el pozo, que había que suspender cuando todavía quedaba algo en el fondo, de modo que durante el receso el pozo volviera a llenarse). Así fue como el Nobel colombiano descubrió un método eficaz y productivo: después del trabajo matinal de unas seis horas suspendía su labor a mediodía y se tomaba un descanso. Por la tarde, a mano, siempre a mano, corregía las cuartillas producidas durante la mañana. Al final de la tarde, ya casi entrada la noche, suspendía su labor hasta el otro día. De ese modo, a la mañana siguiente empezaba por incorporar al texto las correcciones y anotaciones realizadas el día anterior para después continuar adelante con relativa fluidez.

Así fue la redacción de la novela que constituiría su consagración. En las noches, cuando algunos de sus amigos llegaban de visita, Jomí García Ascot y María Luisa Elío, Álvaro Mutis y Carmen Miracle, el escritor contaba los avances logrados o las escenas que más lo seducían y ocupaban en esos momentos. En los días siguientes, Mutis les contaba a otros amigos apartes que enriquecía y "corregía", de modo que en algunos momentos hubo "dos novelas", por decirlo de alguna forma. Una, la que escribía García Márquez y comentaba con sus amigos por la noche; otra, la que contaba Mutis durante el día.

Más que la escritura de una novela, fue un combate sin cuartel que el escritor había empezado veinte años atrás y del cual libraba, en el encierro de "la cueva", su último asalto. Veinte años en los que se debatió en la búsqueda del tono apropiado y de la perspectiva necesaria, en los que trajinó por diversos estilos e innumerables lecturas en busca de su estilo propio, en los que se debatió contra la adjetivación tumultuosa y el imperturbable lugar común que lo seguía a todas partes. Veinte años para aprender a escribir una novela en un país carente de tradición literaria, veinte años para no tomar —ni por ignorancia ni por voracidad— el rábano por las hojas. Veinte años para descubrir que el tono apropiado, el convincente y poético para narrar su historia de fábula, era el mismo que utilizaba su abuela para ejercer algún control sobre él, el mismo del abuelo para descubrirle el mundo. Veinte años sin tregua —la mitad de los que necesitó el coronel Aureliano Buendía pero, eso sí, con las

"Habíamos ido a una conferencia que ofreció Carlos Fuentes poco antes de irse a Europa: Gabo, Mercedes, Mutis, Rita Macedo, Carmen, Jomí y yo. Álvaro dijo: 'Mi mujer preparó un arroz a la catalana, vengan a la casa a comerlo'. Ahí Gabo comenzó a hablar de una novela que estaba escribiendo. Era una cosa desmedida, gigantesca, alucinada. Yo era muy bruja de joven, atinaba siempre en todo. En ese momento, mientras lo oía hablar, le dije: 'Si escribes eso el mundo no va a volver a ser el mismo. Si escribes eso es como si volvieras a escribir la *Biblia*'. Gabo me preguntó: '¿Te gusta el libro?'. Dije: 'Me maravilla'. Y él contestó: 'Pues es tuyo' ".

—María Luisa Elío, "Memoria de una orquídea tropical", en revista *Cambio*, Bogotá, 07.10.02

"... rasguñó durante muchas horas, tratando de romperla, la dura cáscara de su soledad. Sus únicos instantes felices, desde la tarde remota en que su padre lo llevó a conocer el hielo, habían transcurrido en el taller de platería, en donde se le iba el tiempo armando pescaditos de oro. Había tenido que promover 32 guerras, y había tenido que violar todos sus pactos con la muerte y revolcarse como un cerdo en el muladar de la gloria, para descubrir con casi cuarenta años de retraso los privilegios de la simplicidad".

—G. G. M., *Cien años de soledad*

mismas penalidades— para descubrir las bondades de la simplicidad.

La novela apareció a mediados de 1967 publicada por la Editorial Sudamericana, porque, tal vez como en ninguna otra ocasión, concurrieron una serie de hechos y circunstancias que lo hicieron posible. Avanzaba ya la segunda mitad de 1965, García Márquez se encontraba en las vísperas de su revelación en cuanto al tono —como si se tratase de una epifanía, en el sentido más legítimo—. Según él mismo, iba camino de Acapulco con la familia para unas vacaciones, cuando lo comprendió todo. Entonces dio media vuelta y se encerró dieciocho meses. Pero antes de que esto ocurriera llegó a México Luis Harss, quien preparaba desde tiempo atrás un libro sobre los nueve principales escritores latinoamericanos, una especie de canon literario de la región. En su entrevista con Fuentes, éste le habló de García Márquez y le prestó los libros que tenía, porque Harss manifestó no conocer nada de él. Finalizada la lectura, Harss se entrevistó con el escritor colombiano. Unos meses más tarde, ya en Buenos Aires y a poco de finalizar el año, se repitió la misma escena: Harss habló con Francisco Porrúa, director editorial de Sudamericana, y le contó que su libro sería sobre diez y no sobre nueve escritores. El décimo era García Márquez. Porrúa no había leído nada de él y Harss le prestó los libros que se había llevado de México.

Para Francisco Porrúa, un editor que aún hoy en día sigue creando nuevas editoriales, dueño de un finísimo olfato, la lectura de los libros de García Márquez constituyó una verdadera revelación. La primera reacción no se dejó esperar: envió una carta al escritor colombiano en donde manifestaba su interés y disposición para reeditar esos libros. García Márquez le contestó diciéndole que era imposible porque estaban comprometidos con otros editores que, además, eran sus amigos. Pero, como alternativa, el escritor le ofreció una novela "a punto de terminar". Porrúa pidió conocer algo de ese nuevo texto y García Márquez le envió cuatro capítulos. También esta vez la reacción fue inmediata: Porrúa le envió un contrato y 500 dólares de adelanto. ¡Por fin alguien percibía el potencial que encerraban esos libros y los cuatro capítulos! García Márquez, que llevaba casi quince años buscando una oportunidad como esa, tuvo claro que no valía la pena discutir, forcejear o regatear. Él quería que lo publicaran, y qué mejor que una editorial como Sudamericana, envuelta desde mucho tiempo atrás en un aura de prestigio casi legendario. El autor firmó el contrato con la editorial argentina el 10 de septiembre de 1966. La novela iba muy adelantada, pero todavía faltaban unos cuantos meses de diarios combates en "la cueva", con jornadas de diez o más horas.

Además de la versión hablada de Álvaro Mutis de *Cien años de soledad,* hubo, en un momento determinado, varias copias. Cuando García Márquez consideraba que un capítulo ya había adquirido su forma definitiva se lo entregaba a una secretaria que lo volvía a pasar a limpio, casi como un asunto maniático. Había un original y varias copias. Aparte del ejemplar mecanografiado que llegó a manos de Porrúa —del que ahora nadie sabe dar razón—, nada se sabe tampoco de la suerte de las restantes copias que circularon entre sus amigos de México y Colombia. Eligio García Márquez, *Gigio*, trató infructuosamente de dar con el paradero de las distintas copias. La crónica de esa búsqueda, así como de todas las indagaciones que adelantó —con una discreción y una devoción dignas de imitar— del proceso de gestación de la novela a lo largo de veinte años, están consignadas en un juicioso libro que encierra muchas enseñanzas: *Tras las huellas de Melquíades*. La paradoja estriba en que en pleno siglo XX no se dispone de un original de una de las novelas más célebres y más leídas de la centuria. El documento que más se aproxima a ese original son las galeras, la "primera prueba de galeras", que el escritor recibió de la editorial y corrigió de su puño y letra. El mismo fajo de hojas de prueba —ciento ochenta en total— de treinta centímetros de largo cada una que unos meses más tarde él regalaría a Luis Alcoriza y su mujer: "Para Luis y Janet, una dedicatoria repetida, pero que es la única verdadera, 'del amigo que más los quiere en este mundo', Gabo, 1967".

Las pruebas de galeras, entonces, fueron un obsequio de García Márquez a Luis Alcoriza y Janet, mientras que la novela fue dedicada a Jomí García Ascot, un maravilloso poeta casi desconocido en Colombia, y a María Luisa Elío, española que emigró a México con sus padres y hermanas durante la Guerra Civil Española, guionista y actriz de la película *En el balcón vacío,* confidente del autor durante la redacción de *Cien años de soledad* —hasta convertirla, así lo reconoce ella misma, en un ser humano privilegiado— y autora de un deslumbrante y conmovedor libro de relatos, *Tiempo de llorar,* que no es otra cosa que la crónica de un imposible pero ansiado retorno a la ciudad de su niñez, a los espacios de su infancia.

"... su lectura tiende a convertirse en una ronda inagotable de pena, sueño y dolor del exilio, del exilio interior que todos llevamos dentro y pocos saben reconocer..."

—Prólogo de Álvaro Mutis a *Tiempo de llorar*

Como reguero de pólvora

Cuando los amigos de Sudamericana le dijeron a García Márquez que el tiraje inicial de la novela sería de ocho mil ejemplares a él le pareció una barbaridad. Ellos, por su parte, le aseguraron que los venderían entre junio y diciembre. Pero, contra todas las previsiones y las dudas expresadas, la edición se agotó en los primeros quince días y sólo unos pocos ejemplares alcanzaron a llegar a Ciudad de México y otros tantos a Bogotá. En volandas fue necesario hacer un nuevo tiraje de diez mil ejemplares, que también se quedó corto ante la demanda del público. Cuando el escritor llegó a Buenos Aires el 20 de junio para promover su libro, no había ejemplares, y en la editorial corrían para tener en la calle la segunda edición.

Afincados en su firme convicción de que un nuevo libro necesita una introducción oportuna y adecuada, García Márquez, Carmen Balcells y, por supuesto, Francisco Porrúa habían dedicado buena parte de su tiempo a buscar espacios en diversos medios para la publicación de adelantos de la novela. Fue así como aparecieron varios fragmentos en publicaciones y revistas como *Nuevo Mundo*, *Amarú*, *Eco* y el diario *El Espectador*. En el periódico bogotano apareció íntegro el 1 de mayo de 1966 el primer capítulo. La comparación de ese adelanto con el texto definitivo de la novela, publicada trece meses más tarde, mostrará medio centenar de variantes, ninguna de ellas de carácter decisorio para la suerte de la trama, pero sí encaminadas a definir la atmósfera de Macondo de manera más rotunda desde las primeras líneas.

De modo que los anticipos de texto, los comentarios de la prensa, el alborozo desbordante de los amigos que la habían leído en su totalidad o parcialmente, más las conversaciones entusiastas de los primeros lectores, generaron lo que podría denominarse un rumor continental primero y, luego, una demanda en el mundo entero que se ha prolongado por más de tres décadas, un reconocimiento que parece no tener fin.

Los primeros días en Buenos Aires nadie pareció darse cuenta de que el escritor se encontraba en la ciudad, aunque él se movía por las calles entre los ejemplares del semanario *Primera Plana* que le dedicaba la portada y un amplio reportaje en las páginas interiores. Pero ese anonimato desapareció a los pocos días. Tomás Eloy Martínez, jefe de redacción de *Primera Plana*, cuenta que una noche, la tercera o cuarta de su llegada a Buenos Aires, García Márquez y Mercedes asistieron en su compañía al estreno de una

"Mercedes y él se adelantaron hacia la platea, desconcertados por tantas pieles tempranas y plumas resplandecientes. La sala estaba en penumbra, pero a ellos, no sé por qué, un reflector les seguía los pasos. Iban a sentarse, cuando alguien, un desconocido, gritó '¡Bravo!', y prorrumpió en aplausos. Una mujer le hizo coro: 'Por su novela', dijo. La sala entera se puso de pie. En ese preciso instante vi que la fama bajaba del cielo, envuelta en un deslumbrante aleteo de sábanas, como Remedios la Bella, y dejaba caer sobre García Márquez uno de esos vientos de luz que son inmunes a los estragos de los años".

—Tomás Eloy Martínez, "El día que empezó todo", en Cobo Borda, *Para que mis amigos me quieran más*, 1992 obra de teatro, y desde ese momento se dio cuenta de que el escritor entraba con el pie derecho en la galería de la fama. Así le ocurre desde entonces, sin importar la latitud en que se encuentre.

Similar a la acogida brindada por el público en el ámbito de la lengua española fue la recepción brindada en otros países. En pocos meses, Carmen Balcells y su agencia literaria habían logrado conseguir más de veinte contratos para su traducción a otros idiomas. La editorial francesa Seuil adquirió los derechos en abril, es decir, antes de aparecer la novela en español. Feltrinelli, la celebre editorial italiana, debió proceder de igual forma porque la primera edición en italiano, que apareció en mayo de 1968, añadía una información en la portadilla que generaba aún más expectativa: "El libro en el cual está trabajando el autor en la actualidad se titulará *El otoño del patriarca:* una historia fantástica del despotismo". En 1969 apareció la edición danesa, en 1970 la inglesa, y cuando todavía no ajustaba cuatro años de su aparición en Buenos Aires ya existía la edición húngara. En los mentideros editoriales se calcula que de *Cien años de soledad* se han vendido más de treinta millones de ejemplares en los cerca de cuarenta idiomas a los que se encuentra traducida.

A fines de junio García Márquez y Mercedes regresaron a México decididos a hacer las maletas y trasladarse a Barcelona. Así lo harían, y vivirían en esa ciudad hasta la finalización y publicación de *El otoño del patriarca,* cuando volverían de nuevo a Ciudad de México. Pero la partida hacia el Viejo Continente tuvo sus prolegómenos: García Márquez fue primero a

Caracas con el propósito de asistir a un congreso de literatura iberoamericana y a la entrega del Premio Rómulo Gallegos, cuyo galardón había sido concedido en esa primera entrega, a Mario Vargas Llosa por su novela *La casa verde*. Vargas Llosa y García Máquez se conocieron en el aeropuerto de Caracas y allí empezó una amistad que se prolongó por muchos años hasta que, como anota Dasso Saldívar, "las contingencias de la vida, la amistad y la política los separó, colocándolos en caminos diferentes e incluso opuestos". Después de varios días en Caracas, Vargas Llosa y García Márquez siguieron para Bogotá, en donde tuvieron una agenda maratónica que los llevó de una mesa redonda en *El Tiempo* hasta una sesión de firma de libros en la Librería Contemporánea al norte de la ciudad. A comienzos de septiembre volvieron a encontrarse en Lima para continuar capeando el temporal de la gloria y allí, en la capital peruana, fue donde tuvo lugar la célebre conversación sobre la novela latinoamericana que aparecería editada al año siguiente: *La novela en América Latina: Diálogo*. García Márquez disfrutó de todos esos encuentros, pero no acababa de aceptar el asedio permanente, el resplandor de las cámaras fotográficas, la preguntadera continua y vanal, de suerte que no resistía las ganas de seguir echando mano de la "cara de palo" de la abuela para contestar a algunos interrogantes. Como la respuesta a un periodista que en el colmo de la originalidad se le ocurrió preguntarle qué opinaba de sus novelas. García Márquez no resistió la tentación y respondió: "La verdad es que esas novelas no las escribo yo, sino mi mujer, pero ella dice que son muy malas y le da pena firmar, entonces yo firmo por ella".

Desde mucho antes de la distinción de la Academia Sueca, García Márquez había recibido múltiples homenajes y reconocimientos. Sin embargo, tal vez los más enaltecedores de todos —como ocurre en cualquier ocupación— provienen de sus compañeros de oficio. Pero no las que surgen del cálculo político, sino las que brotan en la espontaneidad del trabajo diario, cuando se está frente a la dilatada extensión de una página en blanco y, de pronto, quedan consignadas para siempre en las hojas de un libro, como hizo él mismo en *Cien años de soledad* con Rulfo, Carpentier, Fuentes y Cortázar. Sucedió hace más de veinticinco años y ha pasado inadvertido para muchos, de modo que vale la pena traerlo a cuento con el único propósito de rescatarlo, así sea temporalmente.

En las últimas páginas de una de las más desconcertantes y hermosas novelas de Italo Calvino (1923-1985), *Si una noche de invierno un viajero*, el narrador, que ha afrontado mil peripecias a lo largo del relato, decide en el capítulo final iniciar una poda sistemática en vista de que el mundo es demasiado complejo y enmarañado. De modo que emprende la tarea y después de una drástica tala de transeúntes, cuarteles, hospitales, museos, tribunales, universidades, monumentos, bibliotecas, varias estructuras académicas, tiendas, el consumo,

"Aquí estoy pues recorriendo esta superficie vacía que es el mundo. Hay un viento a ras de tierra que arrastra con ráfagas de cellisca los últimos residuos del mundo desaparecido: un racimo de uvas maduras que parece recién cogido del sarmiento, un calcetín de lana para niño, una articulación cardán bien aceitada, una página que se diría arrancada de una novela en lengua española con un nombre de mujer: Amaranta".

Italo Calvino, *Si una noche de invierno un viajero*

la producción, la materia prima y las fuentes de energía, describe someramente las pocas cosas que sobreviven, y entre ellas figura una novela: *Cien años de soledad.*

Escribir en Europa es más barato

García Márquez se instaló con su familia en Barcelona, con una nueva novela en camino, *El otoño del patriarca.* Más barato o más caro escribir en Europa en ese entonces es algo que ya no debe recordarlo nadie, pero también se puede pensar que el escritor lo hizo con el propósito de distanciarse un poco de la efervescencia febril que se había extendido por toda América Latina con la aparición de *Cien años de soledad.* Barcelona, al fin y al cabo, es una ciudad, lo era en esos años y lo sigue siendo ahora, cosmopolita, en donde la presencia del escritor podía evadir, en cierta medida, el asedio periodístico y la novelería de sus admiradores. Además, el mundo editorial gozaba —así fue durante muchos años— de un sólido prestigio en la capital catalana y faltaban todavía unos cuantos años para que adquiriera ese aspecto equívoco de farándula

> V. LL: Bueno. Yo quisiera hacerte una última pregunta (...). Esto de haberte convertido así, de la noche a la mañana en una *vedette,* en un escritor asediado, ¿en qué medida crees que puede influir en tu trabajo literario?
> G. M: Fíjate, no sé, pero me ha creado graves dificultades; yo diría que influye negativamente (...).
> V. LL: ¿Y tú crees que de alguna manera ha influido esta popularidad y este temor a las consecuencias del éxito en tu decisión de marcharte de América Latina a vivir en Europa?
> G. M: Yo me voy a escribir a Europa sencillamente porque es más barato.
>
> —García Márquez y Vargas Llosa, *La novela en América Latina: Diálogo*

que ostenta hoy en cualquier urbe. De lo que no se iba a librar en la ciudad condal era de la turbulencia social y política que agitaba al mundo entero. Y tampoco fue ese su propósito. Por el contrario, sus afinidades y concepciones políticas lo llevaron a intervenir en un sinfín de asuntos.

No habían transcurrido los primeros cinco meses del año cuando los estudiantes parisinos se levantaron contra las instituciones académicas y el Gobierno, y obtuvieron el respaldo de los obreros de Francia, al punto de que se paralizó la nación entera. Los sucesos que pasaron a conocerse como "Mayo del 68" fueron una mancha de aceite que se extendió por todas partes. La masacre de Tlatelolco, el 2 de octubre de ese mismo año en la Plaza de las Tres Culturas de Ciudad de México fue uno de los trágicos desenlaces que tuvo la marea estudiantil que sacudió las principales capitales del mundo. Al otro lado del Atlántico, hacia el este, en un pequeño país de Europa Central, en Checoslovaquia, ese mismo mes de octubre los tanques rusos y 600 mil soldados invadieron el país y pusieron fin a la "Primavera de Praga", la esperanza inútil de miles de ciudadanos por liberalizar el régimen y aliviar en alguna medida la presión de la

"... vinieron a Praga, invitados por ella [la Unión de Escritores] tres novelistas latinoamericanos: Julio Cortázar, Gabriel García Márquez y Carlos Fuentes. Vinieron discretamente, en su calidad de escritores. Para ver. Para comprender. Para alentar a sus colegas checos. Pasé con ellos una semana inolvidable. Nos hicimos amigos. Y justo después de su partida pude leer, todavía en pruebas de imprenta, la traducción checa de *Cien años de soledad*".

—Milán Kundera, "Otoño en Praga", en revista *Cambio*, Bogotá, 07.10.02

férula soviética instaurada desde el fin de la Segunda Guerra Mundial y la creación, diez años más tarde, del Pacto de Varsovia. García Márquez visitó Praga tres meses después. Así como estuvo en La Habana a los pocos días del triunfo de Fidel y sus compañeros de la Sierra Maestra, de igual forma el escritor estuvo una semana en compañía de Julio Cortázar y Carlos Fuentes en la ciudad tomada por los tanques rusos. Milán Kundera, el escritor checo nacionalizado en Francia, ha contado en diversas ocasiones esa memorable visita.

En marzo de 1970 se editó en Barcelona, por primera vez y con el título que conocen los lectores, el célebre *Relato de un náufrago que estuvo diez días a la deriva en una balsa sin comer ni beber, que fue proclamado héroe de la patria, besado por las reinas de belleza y hecho rico por la publicidad y luego aborrecido por el Gobierno y olvidado para siempre.* Los catorce episodios que relataban la aventura del marino Luis Alejandro Velasco, aparecidos en el diario *El Espectador* quince años atrás, llevaban por título general *La verdad sobre mi aventura.* En el prólogo que antecede al relato en la edición en libro de Tusquets, "La historia de esta historia", el escritor explicó las razones por las cuales se escribió en primera persona y apareció firmado por el marino y por qué, sólo años después, su nombre aparecía vinculado a ese texto.

El 5 de septiembre de ese mismo año, 1970, Salvador Allende, candidato de la Unidad Popular a la Presidencia de Chile ganó por mayoría relativa las elecciones. Un año más tarde, Pablo Neruda fue galardonado por la Academia Sueca con el Premio Nobel de Literatura. Para muchos chilenos, para la mayoría de ellos, no podía haber felicidad más completa. Por una parte, el país, al menos políticamente, hacía su tránsito de la democracia cristiana al socialismo; y, por otra, el más grande poeta chileno, aunque Nicanor Parra pensara otra cosa ("Los cuatro grandes poetas de Chile son tres: Alonso de Ercilla y Rubén Darío"), recibía el reconocimiento mundial por su vasta y maravillosa creación literaria.

Para García Márquez también había motivos de complacencia. No sólo políticos, sino también literarios. El escritor era amigo de Salvador Allende y compartía su ideario político, también era amigo de Pablo Neruda, conocía su obra y lo había visitado en su residencia en Isla Negra. García Márquez había dado a conocer otros libros suyos antes de la aparición de la novela del dictador, al tiempo que era galardonado con el Premio Rómulo Gallegos por *Cien años de soledad*. La recepción del premio provocó un alboroto de dimensiones continentales, porque el escritor donó el monto económico de ese reconocimiento —la suma de 22.500 dólares, una cifra bastante grande para la época— al MAS, un movimiento socialista, disidente del Partido Comunista venezolano que lideraba Teodoro Petkoff. A finales de 1972, la editorial catalana Barral Editores publicó *La increíble y triste historia de la cándida Eréndira y de su abuela desalmada*, un volumen con varios de los más célebres títulos del escritor colombiano. "Un señor muy viejo con unas alas enormes", "El ahogado más hermoso del mundo", "Blacamán el bueno, vendedor de milagros", así como el relato que da título al libro, son algunos de ellos. A comienzos del año siguiente se publicó en Caracas una selección de sus artículos aparecidos en esa ciudad entre el 57 y el 58, *Cuando era feliz e indocumentado.*

Pero tanta felicidad duraría poco para el escritor, para el pueblo chileno y para los simpatizantes del socialismo, porque, como bien lo expresa el refrán popular, "de eso tan bueno no dan tanto". Nixon y su secretario de Estado, Henry Kisinger, dijeron desde un principio y en diversas oportunidades, incluso antes de que el Senado chileno votara en octubre de 1970 y Allende obtuviera la mayoría necesaria para ser reconocido como Presidente, que un gobierno de Allende y la Unidad Popular sería intolerable en el hemisferio. Esta posición de Washington condujo, en ocasiones de manera directa, en otras ocasiones soterrada, a desestabilizar el gobierno en la nación austral. A lo anterior se sumaron las dificultades internas que surgieron en la gestión de Allende, y, por último, la conspiración de la derecha que terminó aliándose con el ejército y condujo, el 11 de septiembre de 1973, al golpe de estado comandado por Augusto Pinochet. Salvador Allende, Presidente por voluntad del pueblo, moría en el Palacio de la Moneda defendiendo el orden constitucional. Doce días después, destrozado por el trágico desenlace de su amigo Salvador Allende y por los acontecimientos que ensombrecían el futuro de su querido país, Neruda moría en una clínica de Santiago. Un año más tarde, con las heridas abiertas, miles de desaparecidos y anuladas todas las garantías políticas, el general Pinochet se convertía en Jefe Supremo de la Nación mediante una reforma de la Constitución chilena. Ocupó ese cargo los siguientes diecisiete años y sumió a Chile en una de sus noches más oscuras.

Estos acontecimientos generaron múltiples protestas y movilizaciones en distintas partes del mundo. Muchas reacciones fueron de dolor, de desesperanza, de frustración y de rabia: en el camino iba quedando un reguero de muertos inútiles. Camilo Torres en Colombia en 1966, el *Che* en Bolivia al año siguiente, Martín Luther King en 1968 en los Estados Unidos; y luego Allende en Chile. García Márquez declaró que no volvería a publicar mientras Pinochet permaneciera en el poder. Lo volvió a hacer al año siguiente porque pronto comprendió que con el silencio el único favorecido era el dictador atornillado a la silla presidencial; comprendió que el arma de los escritores —si es que los escritores portan armas— no era el silencio, sino la palabra. La palabra escrita. De modo que García Márquez volvió a sus terrenos, y en 1974 apareció *Ojos de perro azul*, el grupo de cuentos —siete en total, más el relato *Monólogo de Isabel viendo llover en Macondo*— con los que se inició como escritor, que habían sido publicados entre 1947 y 1954 en *El Espectador* (excepto el monólogo que apareció en *Mito*).

La palabra escrita. La periodística y la literaria. En febrero de 1974 se fundó en Bogotá la revista *Alternativa*. Debajo de su membrete decía: "Atreverse a pensar es empezar a luchar". *Alternativa* fue, tal vez, el mejor órgano informativo de la oposición durante cinco años, cinco años en que sobrevivió sin un solo aviso publicitario, a pesar de que ciertos sectores de la extrema izquierda la calificaron de "cola reformista de la gran prensa", mientras los sectores de la ultraderecha la tildaban de "brazo desarmado de la subversión". Entre sus entusiastas impulsores se encontraba García Márquez, quien había donado los 10 mil dólares del premio que le había dado por esa fecha la Universidad de Arizona con el fin de crear un Comité de Presos Políticos en Colombia. En el primer número, un informe sobre el golpe militar en Chile firmado por el futuro Premio Nobel, mostraba a las claras la dimensión de su compromiso con la revista. La publicación contó desde un comienzo con gran apoyo y simpatía, al punto de que para el cuarto número había cuadruplicado el tiraje inicial de 10 mil ejemplares. Fue tal su éxito, a pesar de los debates internos y las consecuentes rupturas, que en 1978 más que una publicación periodística era un movimiento político: FIRMES. Ese año, para las elecciones presidenciales en Colombia había cuatro candidatos de la oposición. *Alternativa* lanzó una campaña de unidad y recogió más de 500 mil firmas con ese propósito, pero el presagio expresado por alguien se hizo realidad: "*Alternativa* va a acabar diviendo por cinco lo que hoy está dividido por cuatro". Tal vez fue esa dolorosa experiencia lo que llevaría, muchos años después, al Bolívar de *El general en su laberinto*, la novela que García Márquez publicaría en 1989, a exclamar con justa razón: "Colombia es un país ingobernable, porque cada colombiano es un país".

Al año siguiente de la fundación de *Alternativa* hizo su aparición *El otoño del patriarca*, una novela que los más fervientes lectores de García Márquez esperaban con ansiedad desde el momento en que concluyeron la lectura de *Cien años de soledad*. En la Librería Contemporánea, por ejemplo, hubo una lista de compradores que aspiraban a ser los primeros en la ciudad en disponer de un ejemplar de la obra. Una modalidad que hoy parece imponerse en todas partes, en especial entre los niños y jóvenes. La edición española de la novela para América Latina fue un desastre tanto en diseño como en edición. La imagen de la carátula no decía nada y el libro se deshojaba, como un verdadero "otoño", tras cada página leída, porque no estaba cosido, sino pegado. El escritor protestó, y antes de concluir el año una edición de Sudamericana trató de subsanar un poco las cosas, por lo menos en lo que atañe a algunos países de América Latina.

En la primera mitad de la década de los setenta del siglo pasado se produjo una verdadera eclosión de novelas latinoamericanas con el tema del dictador. Los antecedentes se pueden remontar al siglo XIX con *Amalia,* de José Mármol. Pero la peste de la proliferación fue en el siglo XX. Del montón de títulos que surgieron vale la pena nombrar al menos unos cuantos: Ramón del Valle-Inclán inauguró, para muchos, la novela moderna de la sátira política latinoamericana con *Tirano Banderas* en 1926. Veinte años más tarde, Miguel Ángel Asturias publicó *El señor presidente.* Y en 1974, aparecieron tres: *Maten al león*, de Jorge Ibargüengoitia; *Yo, el supremo*, de Augusto Roa Bastos; y *El recurso del método*, de Alejo Carpentier. Pero esa abundancia en la oferta, dicho en términos de mercado, no constituyó ningún obstáculo para que la novela de García Márquez alcanzara una gran difusión. Al fin y al cabo, los dictadores volvían a estar, después de irse a pique unos cuantos en el Caribe, en la escena política latinoamericana. Además de Pinochet, firmemente afincado en Chile, en el Paraguay se encontraba Alfredo Stroessner desde 1954 y permanecería como dueño absoluto del poder hasta 1989, cuando otro golpe de estado lo derrocó. Algo similar ocurría en Bolivia, donde desde 1971 gobernaba Hugo Banzer, quien había alcanzado el poder en el golpe de estado número 187 en escasos 146 años de historia de la República. Como si lo anterior fuera poco, al año siguiente de la aparición de la novela de García Márquez, los militares argentinos derrocaron a Isabel Perón, Presidenta de la Argentina desde la muerte de su esposo, Juan Domingo Perón. Todo el sur del continente se teñía, una vez más, de verde oliva, mientras desaparecían obreros y estudiantes, los niños pequeños de madres detenidas eran entregados en adopción sin dejar rastro alguno, y periodistas y escritores eran asesinados. Unos pocos, que contaron con algo de suerte, fueron expulsados de sus países después de años de cárcel. De Haroldo Conti y de Rodolfo Walsh nunca más se volvió a tener noticia.

El otoño del patriarca ha sido la novela más elaborada y de más difícil lectura de todas las obras de García Márquez. La alternancia en la narración de una variedad de voces obliga a que la obra sea leída en voz alta para que el lector pueda percibir con mayor facilidad la alteridad del narrador. Esta dificultad, sin embargo, no le resta valor al esfuerzo del escritor en su propósito por mostrar, a través de muchas voces y desde muchos ángulos, distintas facetas del ejercicio omnímodo del poder. Y todo ello en medio de una prodigiosa recreación del maravilloso ámbito del Caribe —en una cosmovisión de 180 grados— desde el palacio de pesadumbre en donde todas las noches duermevela el patriarca con la lámpara, para salir corriendo siempre al alcance de la mano.

Una vez más, América de nuevo

García Márquez estaba instalado de nuevo en México antes de que finalizara 1976. Ese país, con la desmesura de su ciudad capital y los muchos amigos que aún vivían allí, se había convertido para el escritor en el sitio a donde regresar siempre. Cartagena de Indias sería, con el paso del tiempo, otra ciudad con similares características. Ese mismo año el Instituto Colombiano de Cultura publicó en Bogotá otra selección de artículos suyos aparecidos en distintos periódicos nacionales: *Crónicas y reportajes*. Aunque parezca extraño, esta colección nunca se ha vuelto a reeditar.

Dos años más tarde, mientras el Vaticano buscaba una estabilidad que parecía escaparse por momentos —hubo tres papas en un año, Juan XXIII, Juan Pablo I y Juan Pablo II—, los editores seguían a la búsqueda de nuevas o remozadas piezas de García Márquez. Así fue como se rescató la serie de crónicas aparecidas en la revista *Cromos* bajo el título general *90 días tras la Cortina de Hierro*. Volvieron a salir a la luz en 1978, en forma de libro, bajo un título insípido y de apariencia neutral, *De viaje por los países socialistas*. Los vínculos con el cine, que nunca se habían perdido por completo, se afianzaron con su participación en la realización de varios guiones. En 1978 se filmó *María de mi corazón* bajo la dirección de Jaime Humberto Hermosillo.

Entre tanto, el asunto político dio un respiro, aunque más adelante terminó por ser otra gota de frustración. El triunfo de la revolución sandinista sobre Anastasio Somoza en Nicaragua reavivó las esperanzas, como el rescoldo de fuego que arde bajo las cenizas, en muy diversos sectores de Latinoamérica. García Márquez viajó a Nicaragua y celebró el triunfo del Frente Sandinista en un encuentro que contó con la presencia de Tomás Borge, Daniel Ortega, Sergio Ramírez, Ernesto Cardenal, Fidel Castro, Yasser Arafat y Julio Cortázar, entre otros. Media docena de diarios del mundo, entre ellos *El Espectador* de Bogotá, empezaron a publicar una columna que le permitió al futuro Premio Nobel escribir sobre acontecimientos ocurridos en diversas latitudes, hacer algunas semblanzas de personalidades y hasta fijar posiciones categóricas en asuntos de la política doméstica colombiana. Estas colaboraciones con la prensa escrita dieron lugar a un nuevo volumen de su obra periodística, *Notas de prensa 1980-1984*. La revista *Alternativa,* que había sobrevido a muchos avatares, no pudo soportar más el desgaste de sus principales actores y las deudas acumuladas, y murió en su mejor momento —abril de 1980—, cuando había alcanzado una madurez periodística y disponía de una extensa red de corresponsales nacionales e internacionales.

La aparición en el primer semestre de 1981 de *Crónica de una muerte anunciada* constituyó un hito editorial en el "territorio de la Mancha", como llaman algunos el ámbito geográfico de la lengua española, pues la producción fue realizada por tres sellos editoriales con el firme propósito de que el libro estuviera en todas partes el mismo día. Por fin se cumplían los deseos del escritor, expresados casi veinte años atrás y que hoy en día son pan cotidiano en el mundo editorial. En ese entonces, distintas personalidades hablaron del libro en los días previos a su puesta en venta, varios fragmentos aparecieron en diversas publicaciones y los medios de comunicación se encargaron de comentar los pormenores de la edición: las precauciones con la versión original con el fin de evitar filtraciones del texto, las cantidades de papel necesarias, los galones de tinta requeridos, en fin, la serie de pasos y medidas que implica la producción de un libro. De modo que cuando la novela apareció la curiosidad ya había hecho mella en un sinnúmero de potenciales compradores.

Crónica de una muerte anunciada se basa en un hecho histórico y es, además, la recreación de un acontecimiento del cual fueron testigos su familia y el propio autor. Es la historia de un sacrificio inútil, de la violencia sin sentido en donde sentimientos tribales y obsoletos códigos de honor heredados están por encima de cualquier consideración, de la más mínima norma de tolerancia. La inclusión de su familia y de él mismo, así como de los movimientos de medio centenar de personajes que aparecen con sus nombres propios, al tiempo que a veces operan como un colectivo, generan en la narración una atmósfera peculiar, tal vez como ninguna otra de sus novelas.

Pero el autor, no contento con eso, hace una gran demostración de su destreza literaria al decirle al lector en las primeras líneas: "El día en que lo iban a matar, Santiago Nasar se levantó a las 5:30 de la mañana para esperar el buque en que llegaba el obispo". El último episodio del relato se conoce, entonces, desde la primera línea y, sin embargo, el lector sigue adelante acicateado por la curiosidad de saber cómo se llegó, como lo dijo el mismo autor para otro de sus personajes, "a semejante estado de desamparo" que hizo posible el sacrificio inútil de Santiago Nasar. El suceso tuvo lugar en 1944, la evocación del episodio —pensándolo en términos literarios— dio comienzo por allá en 1971, y la redacción se produjo en 1980. Este es uno de los aspectos más importantes en el método de trabajo de García Márquez: hay que dejar que las cosas maduren y perduren en la memoria, hay que tomarse el tiempo para aprender a escribir cada una de las historias.

Antes de que terminara 1981 llegó a las librerías otro título de García Márquez, *Textos costeños*. El primer volumen de su obra periodística, correspondiente a sus columnas "Punto y Aparte" y "La Jirafa", aparecidas entre el 21 de mayo de 1948 —el inicio de su carrera periodística— y el 24 de diciembre de 1952 en *El Universal* de Cartagena y en *El Heraldo* de Barranquilla, respectivamente. Este volumen, de más de seiscientas páginas y con un poco más de quinientas columnas, brinda una valiosa información sobre el proceso formativo del escritor. La lectura detenida, parsimoniosa, de ese medio millar de columnas muestra una gran cantidad de rasgos, episodios, personajes, circunstancias y expresiones que el lector encontrará perfectamente modeladas y colocadas en su sitio en *Cien años de soledad*. Lo anterior tiene dos implicaciones: la primera, García Márquez se tomó veinte años para aprender a escribir la novela que le significó su consagración; y, la segunda, ese medio millar de columnas, en cierta medida, son lo más cerca que puede hablarse de un cuaderno de notas de autor previo a la redacción de una obra.

Cuando a García Márquez le preguntó Ernesto González Bermejo, ya en el esplendor de la gloria, dónde estaban los apuntes previos para la redacción de la novela. El escritor puso la "cara de palo" de la abuela Mina y respondió: "No existen. Nunca existieron. Yo sólo tomaba notas de algunas claves que rompí con ayuda de Mercedes cuando concluí la redacción de la novela, porque quien leyera eso entendería cómo fue escrita, y ese secreto, compadre, me lo llevo a la tumba". Es muy posible que así sea, que esa respuesta sea toda la verdad, pero, en cualquier caso, el lector de *Textos costeños* tiene entre sus manos un valioso documento que le permite entrever los vericuetos de la creación literaria y, al menos, entender la prehistoria literaria del escritor nacido en Aracataca.

A veces el esplendor literario tiene muy poco que ver con la realidad y, mucho menos, con la política, al menos en un país como Colombia en donde, dicho sea de paso, hasta el momento no se ha realizado una sola edición de sus novelas y cuentos con la dignidad y el cuidado que requiere para convertirse en la edición canónica de su obra. Una edición que existiría ya en cualquier otro país, aunque tuviera muchas menos ínfulas de culto que éste.

En marzo de 1981, unas semanas antes de la aparición de *Crónica de una muerte anunciada* y a pocos meses de la aparición de *Textos costeños,* García Márquez se asiló en la Embajada de México y salió precipitadamente de Colombia al

> "Después de veinticinco años, tenía el propósito firme y grato de vivir en mi país. Pero en este ambiente de improvisación y equivocaciones, recibí una información muy seria de que había una orden de detención contra mí, emanada de la justicia militar. No tengo nada que ocultar ni me he servido jamás de un arma distinta de la máquina de escribir, pero conozco la manera como han procedido en otros casos semejantes las autoridades militares, inclusive con alguien tan eminente como Luis Vidales, y me pareció que era una falta de respeto conmigo mismo facilitar esa diligencia. Las autoridades civiles, entre quienes tengo muy buenos y viejos amigos, me dieron toda clase de seguridades de que no se intentaba nada contra mí. Pero en un gobierno donde algunos dicen una cosa y otros hacen otra muy distinta, y donde los militares guardan secretos que los civiles no conocen, no es posible saber dónde está la tierra firme (...). Así las cosas, con el dolor de mi alma, me he visto precisado a seguir apacentando, quién sabe por cuánto tiempo más, mi persistente y dolorosa nostalgia del olor de la guayaba".
>
> —G. G. M., *Breve nota de adiós al olor de la guayaba*

ser advertido de que su casa sería allanada y él retenido para ser sometido a un interrogatorio por sus supuestos contactos con organizaciones armadas de izquierda y el presunto entrenamiento de esas organizaciones en Cuba.

Este vergonzante incidente que dejó en ridículo —sobre todo por las explicaciones, torpes y atolondradas, que se precipitaron a dar los protagonistas de la contraparte, desde ministros y generales de turno hasta la gran prensa —sólo mostró la torpeza de las autoridades, la total oscuridad en que se movía el Gobierno y el fariseísmo de los medios de comunicación. Tres características que siempre han sido los rasgos distintivos de la clase dominante en Colombia. García Márquez dejó en claro su posición y la razón de su comportamiento, así como la opinión que le merecían las explicaciones dadas, en dos columnas que aparecieron en los principales diarios del mundo, "Breve nota de adiós al olor de la guayaba", el 3 de abril de 1981, y "Punto final a un incidente ingrato", cinco días más tarde.

De modo que mientras el Gobierno colombiano esgrimía su flamante Estatuto de Seguridad para desatar una cacería de brujas que vulneró todos los sectores de la sociedad, el Gobierno de Francia condecoraba al escritor con la Legión de Honor en el grado de Comendador, al tiempo que el Gobierno de México le entregaba la máxima distinción de ese país, la Orden del Águila Azteca.

Como todos los años, en 1981 también hubo una lista de candidatos al Premio Nobel de Literatura, una lista que no se sabe a ciencia cierta si es elaborada por los periodistas, por algunos de los aspirantes permanentes que echan a correr la bola o si se trata de filtraciones que propicia la misma Academia Sueca con el propósito de tantear el clima de expectativa que se respira. En todo caso, en la lista de opcionados de ese año figuraba el escritor colombiano entre otros nombres que hoy nadie recuerda. La distinción recayó en el escritor búlgaro de origen sefardí, Elías Canetti, una verdadera revelación para muchos lectores y un reconocimiento un poco tardío para el autor de *Auto de fe*. Algunos de los colombianos que estuvieron al tanto de las cábalas previas se olvidaron del asunto. América Latina tenía un precedente inolvidable: Jorge Luis Borges fue el candidato perpetuo, de modo que

Auto de fe fue el primer libro publicado por Canetti, en 1935, cuando el autor contaba apenas treinta años.
Según Claudio Magris "sigue siendo su obra maestra y uno de los más grandes libros de nuestro siglo, una parábola visionaria y gélida del delirio destructivo a que se ha entregado la razón occidental".

había que esperar. Las esperanzas, en todo caso, estaban cifradas en que no se tardara mucho. Aunque el caso de V. S. Naipul esperó por espacio de casi veinte años, una muestra elocuente del poco afán de la Academia Sueca frente a la incertidumbre anual del escritor.

Para algunos, incluso, ese reconocimiento, aunque merecido, era innecesario, García Márquez era ya desde varios años atrás el escritor vivo más popular y más leído en el mundo entero. Para otros, sin ir muy lejos, el escritor nacido en Aracataca había logrado con *Cien años de soledad*, como lo profetizara Melquíades al terminar la crónica de los Buendía plasmada en los manuscritos con cien años de anticipación, alcanzar la inmortalidad. Para muchos, era el autor que había sido capaz de sobreponerse a un sinfín de obstáculos que para cualquier otro habrían sido insalvables, y, sin renunciar a su individualidad y a sus prerrogativas de escritor, levantar un mundo de ficción único e irrepetible. De modo que el reconocimiento de la Academia Sueca, por encima de todo, no sería nada más ni nada menos que la confirmación de lo que casi todos pensaban: García Márquez era el autor de la mejor novela en lengua española después del *Quijote*.

A mediados de 1982 Germán Arciniegas, quien desde su regreso al país, cuatro años atrás, se había vinculado a la Universidad de los Andes, primero como decano de la Facultad de Filosofía y Letras y en los años siguientes como profesor de la Cátedra de América y director de la revista *Correo de los Andes* que él había fundado al ingresar a la academia, se encontró a la salida del Teatro Colón con un joven profesor de literatura, quien se ofreció a acercarlo a su casa, porque el historiador iba dispuesto a bajar hasta la Plaza de Bolívar para tomar un taxi. En la conversación sostenida, mientras el automóvil cruzaba la ciudad, Arciniegas preguntó de pronto: "¿Qué hacemos para la revista si le dan el Premio Nobel a García Márquez?". El profesor no había oído ningún rumor, pero su respuesta fue contundente: "¡No se lo darán! Además, ¡qué pereza! ¿Usted se imagina lo que ocurriría? ¿Quién se lo va a aguantar y quién se va a aguantar al país entero rebosante de fervor nacionalista? Nos volveríamos insoportables". Al pasar frente al Museo Nacional la conversación se desvió por otros rumbos. Arciniegas rememoraba su inauguración, el 9 de abril de 1948 a la misma hora en que a pocas cuadras de allí Gaitán era asesinado. Pero al llegar a su casa, en medio de la despedida, Arciniegas insistió: "Y si le dan el Nobel a García Márquez, ¿qué hacemos para la revista?" "Ya le dije que no se lo darán —respondió el profesor— pero, si llega a ser así —añadió a continuación—, yo tengo la copia de una de sus Jirafas de *El Heraldo* que se le escapó a Jaques Gilard cuando preparó la edición de *Textos costeños*. Si le dan el Nobel, usted publica la columna con una nota introductoria y santo remedio". Arciniegas descendió del automóvil con un visible esfuerzo, la edad había hecho de él un roble añoso poco flexible, y por la expresión de su rostro se podía intuir que no estaba muy convencido con la propuesta: "Adiós, joven salvaje. Mi gratitud carece de límites". De regreso a su casa, el profesor recordó que García Márquez y Arciniegas se habían conocido veintiséis años atrás, cuando el joven periodista de veintinueve llegaba a Ginebra como corresponsal de *El Espectador*. Arciniegas —que casi lo doblaba en edad, tenía cincuenta y seis— era el corresponsal de *El Tiempo*.

Tres meses más tarde, el segundo jueves de octubre, el día anunciaba una mañana gris, pero sin ningún presagio. Sin embargo, un minuto después de las seis de la mañana, Juan Gossaín en los micrófonos de la radio anunció con la voz oprimida por la emoción: "¡Atención, Colombia! ¡El escritor colombiano nacido en Aracataca, Gabriel García Márquez, es el nuevo Premio Nobel de Literatura!". El profesor, que desde su conversación con Germán Arciniegas había adoptado la costumbre de oír las noticias de la mañana, suspendió todo, cogió el teléfono y llamó a Arciniegas sin pensar en lo impropio de la hora: "¡Monstruo! ¡Le dieron el Nobel a García Márquez!". "¡Nos jodimos!", respondió Arciniegas, y colgó.

Cronología y obra

La dificultad en la realización de la cronología de un escritor radica en que si bien en estricto sentido puede reducirse a la relación de sus publicaciones, también es cierto que hay aspectos en su vida, en su trayectoria personal —para decirlo de algún modo claro— que inciden o, al menos, arrojan algunas luces sobre la germinación de sus obras. En el caso particular de García Márquez, el autor se ha encargado, además, de ir tiñendo de anécdotas —casi todas ciertas, pero envueltas en una áurea inventiva— su trayectoria, al punto de que son muy pocos ya los que aún hoy distinguen los límites entre la invención y la realidad.

Múltiples entrevistas, realizadas a lo largo de treinta años, desde el deslumbramiento inicial de *Cien años de soledad*, dan cuenta de su trayectoria, de su permanente actividad literaria, de sus amistades dispersas por todo el mundo. Es imposible, en el caso del escritor colombiano, sustraerse a la anécdota, y quizá esa sea una de las mayores dificultades con que cuentan en la actualidad sus biógrafos.

En esta ocasión se ha preferido, a partir de la publicación de sus obras, limitarse a algunos datos que fueron acuñados mucho antes de que el autor terminara sumido en el "muladar de la gloria" —para decirlo en palabras del coronel Aureliano Buendía— o a aquellos posteriores a ese acontecimiento, pero perfectamente verificables.

1927: Nace en Aracataca (Magdalena), Colombia.

1928: Sus padres se trasladan a vivir a Riohacha y luego a otros municipios de la Costa Atlántica colombiana. Gabriel vive en Aracataca con sus abuelos maternos, el coronel Nicolás Ricardo Márquez Mejía y Tranquilina Iguarán Cotes.

1935: Fallece en Santa Marta el coronel Márquez. "Desde entonces —ha dicho en repetidas ocasiones el novelista— nada importante me ha ocurrido en la vida".

1940: Ingresa al Colegio San José de Barranquilla. Escribe coplas y versos en la revista escolar *Juventud*.

1943: Ingresa al Liceo Nacional de Zipaquirá (Cundinamarca) para terminar sus estudios de bachillerato. El viaje desde la Costa Atlántica hasta la capital del país, primero por el río Magdalena y luego en tren desde Honda hasta la sabana de Bogotá, constituye una experiencia determinante.

1946: Recibe en diciembre el grado de bachiller.

1947: Ingresa a la Facultad de Derecho y Ciencias Políticas de la Universidad Nacional en Bogotá. El 13 de septiembre publica su primer cuento, *La tercera resignación*. El 25 de octubre aparece su segundo cuento, *Eva está dentro de su gato*.

1948: El 17 de enero publica su tercer cuento, *Tubal-Caín forja una estrella*. La destrucción, incendio y saqueo de Bogotá, a raíz de la protesta popular por el asesinato del líder liberal Jorge Eliécer Gaitán el 9 de abril, conduce al cierre inmediato de la Universidad. García Márquez se matricula en la Universidad de Cartagena. Trabaja como redactor y articulista del diario *El Universal*. Su columna se titula "Punto y Aparte". La primera aparece el 21 de mayo.

1950: Ya en Barranquilla ingresa a la redacción de *El Heraldo*, donde publica hasta 1952 una columna titulada "La Jirafa" que firma con el seudónimo de *Septimus*. Conoce al sabio catalán Ramón Vinyes. En compañía de Álvaro Cepeda Samudio, Germán Vargas, Alfonso Fuenmayor, Alejandro Obregón, Juan B. Fernández y otros amigos funda la revista deportivo-literaria *Crónica. Su mejor week-end.*

1952: *La hojarasca* es rechazada por Editorial Losada de Buenos Aires. En carta enviada a Gonzalo González, Gog, comenta su malestar. La carta la publicó el diario *El Espectador* bajo el título de "Auto-crítica".

1953: Colabora en *El Nacional* de Barranquilla, dirigido por Álvaro Cepeda Samudio, donde también colabora Germán Vargas.

1954: Viaja a Bogotá y se vincula a *El Espectador* en donde trabaja como comentarista cinematográfico y luego como cronista y reportero. Gana el Primer Premio de la Asociación de Escritores y Artistas de Colombia con su cuento *Un día después del sábado*.

1955: Aparece *La hojarasca* con carátula de Cecilia Porras. A mediados del año *El Espectador* lo envía a Europa como corresponsal. García Márquez se matricula en el Centro Experimental de Cine de Roma y viaja por varios países europeos. La revista *Mito* publica *Monólogo de Isabel viendo llover en Macondo*.

1956: La dictadura de Rojas Pinilla cierra *El Espectador* y García Márquez se queda en Europa sin salario y sin pasaje de regreso. Empieza la redacción de *El coronel no tiene quien le escriba*. Trabaja de noche y duerme de día, según sus propias palabras, para confundir el hambre.

1957: Viaja por la República Democrática Alemana, la Unión Soviética y Hungría. En noviembre se encuentra en Londres y el 23 de diciembre llega a Caracas, Venezuela.

1958: Colabora con varias publicaciones venezolanas. En marzo viaja a Colombia y se casa con Mercedes Barcha. La revista *Mito* publica *El coronel no tiene quien le escriba*.

1959: En mayo regresa a Colombia a dirigir, junto con Plinio Apuleyo Mendoza, la agencia cubana de noticias, *Prensa Latina*. Colabora con la revista *Acción Liberal* y el semanario *La Calle*.

1960: Viaja a Cuba y luego a Nueva York a la espera de una visa para abrir *Prensa Latina* en Canadá. Después de varios meses renuncia a la agencia.

1961: Viaja por el sur de los Estados Unidos. Residirá en México hasta 1968. En Colombia, Aguirre Editor publica *El coronel no tiene quien le escriba*. Por espacio de varios años dirigirá las revistas mexicanas *La familia* y *Sucesos para todos*. Trabaja en agencias de publicidad y escribe para el cine.

1962: Gana el Premio Esso de Novela en Bogotá con *La mala hora*. El novelista desautoriza la edición española que incorporó cambios estilísticos realizados por el corrector de pruebas. La Universidad Veracruzana publica el libro de cuentos *Los funerales de la Mamá Grande* y reedita *El coronel no tiene quien le escriba*.

1963: En colaboración con Carlos Fuentes escribe el guión para *El gallo de oro*, de Juan Rulfo.

1964: Su cuento *En este pueblo no hay ladrones* es llevado al cine. Participan en la filmación, entre otros, Luis Buñuel, Juan Rulfo, José Luis Cuevas, Leonora Carrington, Abel Quesada, Carlos Monsiváis y el propio autor.

1965: Se inicia el rodaje de *Tiempo de morir*, con guión suyo, bajo la dirección de Arturo Ripstein. Se encierra durante dieciocho meses a escribir una novela. Se titulará *Cien años de soledad*.

1967: Aparece la primera edición de *Cien años de soledad*. A partir de ese momento —5 de junio— las reediciones se van a suceder, una tras otra, de manera ininterrumpida.

1968: La familia García Márquez-Barcha se instala en Barcelona. Aparece en Lima *La novela en América Latina*: *Diálogo* realizado con Vargas Llosa en la Universidad Nacional de Ingeniería. Empieza a escribir *El otoño del patriarca*.

1969: La Universidad de Columbia de Nueva York le otorga el título de Doctor Honoris Causa en Letras.

1970: Se edita en Barcelona el conjunto de reportajes que García Márquez publicara en *El Espectador* bajo el título general "La verdad sobre mi aventura" como *Relato de un náufrago que estuvo diez días a la deriva en una balsa sin comer ni beber, que fue proclamado héroe de la patria, besado por las reinas de belleza y hecho rico por la publicidad y luego aborrecido por el Gobierno y olvidado para siempre*.

1972: Publica el libro de cuentos *La increíble y triste historia de la cándida Eréndira y de su abuela desalmada*. Gana el premio Rómulo Gallegos por *Cien años de soledad*. El monto del premio es donado por el autor al Movimiento al Socialismo, MAS. Estrecha amistad con Fidel Castro, Omar Torrijos, Graham Greene y Julio Cortázar.

1973: Publica *Cuando era feliz e indocumentado*, relatos y crónicas aparecidos en los medios venezolanos durante su estancia en Caracas en 1958. Condena el golpe de estado de Pinochet en Chile y promete no volver a escribir hasta que caiga el dictador.

1974: Funda en Colombia la revista *Alternativa*. Se publica *Ojos de perro azul*, un volumen con los cuentos escritos entre 1947 y 1954.

1975: Aparece la primera edición de *El otoño del patriarca*.

1976: Aparece en Bogotá *Crónicas y reportajes*, una selección de artículos suyos aparecidos en distintos periódicos nacionales.

1978: Publica *De viaje por los países socialistas*, un volumen que recoge sus crónicas tituladas *90 días tras la Cortina de Hierro*, aparecidas en revistas de Venezuela y Colombia en 1959. Se filma *María de mi corazón*, dirigida por Jaime Humberto Hermosillo.

1980: Viaja a Nicaragua a celebrar el triunfo del Frente Sandinista de Liberación Nacional. Encuentro con Tomás Borge, Daniel Ortega, Sergio Ramírez, Ernesto Cardenal, Fidel Castro y Yasser Arafat, entre otros. Varios diarios del mundo, entre los que se cuenta *El Espectador* de Bogotá, empiezan a publicar una columna dominical que luego el autor agrupó bajo en un volumen bajo el título *Notas de prensa*.

1981: Se asila en la Embajada de México, ante el inminente allanamiento de su casa en Bogotá. François Mitterand le otorga la Legión de Honor en el grado de Comendador. Aparece la primera edición de *Crónica de una muerte anunciada*. *El Espectador* publica el cuento *El rastro de tu sangre en la nieve*. Se edita el primer volumen de su obra periodística bajo el título de *Textos costeños*.

1982: Se edita el segundo volumen de su obra periodística bajo el título de *Entre cachacos*. *El Espectador* publica el cuento *El verano feliz de la señora Forbes*. El Gobierno mexicano le otorga la Orden del Águila Azteca. Es galardonado con el Premio Nobel de Literatura por la Academia Sueca. Se estrena la película *Eréndira*, dirigida por Ruy Guerra. Publica *El olor de la guayaba*, una larga conversación con Plinio Apuleyo Mendoza.

1983: Publica la tercera parte de su obra periodística, titulada *De Europa y América*. Aparece *El secuestro*, guión cinematográfico basado en una acción de los sandinistas contra la dictadura de Somoza en Nicaragua. Vive en Colombia, en donde alterna Cartagena de Indias y Bogotá.

1985: Publica *El amor en los tiempos del cólera*, su primera gran novela después del galardón del Nobel.

1986: Se convierte en una de las principales figuras de la Escuela Internacional de Cine y Televisión, en San Antonio de los Baños, Cuba. Publica *La aventura de Miguel Littín clandestino en Chile*.

1987: Termina de escribir su primera obra de teatro, *Diatriba de amor contra un hombre sentado*. Se estrena la serie para televisión *Amores difíciles* y la película *Crónica de una muerte anunciada*, dirigida esta última por Francesco Rossi.

1988: Se estrena la película *Un señor muy viejo con unas alas enormes*, basada en el cuento del mismo título, dirigida por Fernando Birri.

1989: Publica *El general en su laberinto*, una polémica novela sobre los últimos días del Libertador Simón Bolívar.

1990 : Publica en La Habana *La soledad de América Latina. Escritos sobre arte y literatura*, una edición preparada por Víctor Rodríguez Núñez.

1991: Publica *Notas de prensa*, un cuarto volumen de su obra periodística, correspondiente a los artículos aparecidos en varios periódicos del mundo, entre 1980 y 1984.

1992: Se estrena la película *Me alquilo para soñar*, dirigida por Ruy Guerra. Publica *Doce cuentos peregrinos*.

1993: Funda y dirige la Escuela de Nuevo Periodismo en Cartagena de Indias.

1994: Estreno teatral en Buenos Aires de *Diatriba contra un hombre sentado*. Aparece la primera edición de *Del amor y otros demonios*.

1996: Publica *Noticia de un secuestro*. Se estrena la película *Edipo alcalde*, bajo la dirección de Jorge Alí Triana y guión del novelista.

1997: En varias localidades de Colombia, así como en Washington y otras ciudades del mundo, se realizan festejos de diversa índole: García Márquez cumple setenta años; la publicación de su primer cuento, *La tercera resignación*, ajusta cincuenta años y, por último, *Cien años de soledad*, treinta. El centenario de William Faulkner, a quien García Márquez ha reconocido en diversas ocasiones como su maestro, constituyó también un pretexto para hablar de la obra del escritor colombiano.

1998: Estreno de la película *Milagro en Roma,* dirigida por Lisandro Duque, con guión de Gabriel García Márquez y Lisandro Duque.

1999: Publica *Por la libre (1984-1995)*, quinto volumen de *Notas de prensa. Obra periodística.* Estreno de la película *El coronel no tiene quien le escriba,* dirigida por Arturo Ripstein.

2001: En Barcelona se declara desierta la subasta de las 181 hojas que constituyen la primera prueba de galeras de *Cien años de soledad,* corregida de puño y letra por el autor, quien la había regalado a sus amigos Luis Alcoriza y Janet Riesenfeld. A la muerte del director de cine las galeras de la novela fueron a parar a manos de un tercero.

2002: Publica *Vivir para contarla,* primer volumen de sus memorias. La casa de subastas Christie's declara desierta, por segunda ocasión, la subasta de las galeras de *Cien años de soledad,* el documento más cercano a la gestación de la novela.

2004: Publica *Memoria de mis putas tristes,* primera novela en los últimos diez años.

Bibliografía

La proliferación de ensayos, aproximaciones, reseñas, comentarios, notas, etc., en torno a la obra de García Márquez, es proporcional al número de ediciones y reimpresiones de cada uno de sus libros. La aparición de cada nuevo título suyo genera tal cantidad de comentarios que, incluso semanas antes de la aparición del volumen en las librerías, los artículos y comentarios de quienes desconocen por completo la novela, o conocieron un capítulo o la leyeron toda, se suceden uno tras otro. Hace casi veinte años, una tesis de doctorado en una universidad norteamericana consistió en la relación de los artículos, ensayos, exégesis y aproximaciones realizadas sobre el escritor colombiano. Dicha relación ocupaba dos gruesos volúmenes con más de seiscientas páginas. El *Repertorio crítico* (1997) de Cobo Borda es otro intento más, y recientemente ha aparecido una voluminosa bibliografía que da cuenta de muchas de esas aproximaciones y describe con minuciosa exacerbación las características de las principales ediciones de la obra del escritor colombiano. La dificultad, entonces, no estriba en la bibliografía, sino en la escogencia. Es un mundo abigarrado en donde el estudioso que se inicia puede, con facilidad, naufragar en medio de tanta exhuberancia, porque tal proliferación deja la obra del autor colombiano como la piel de José Arcadio cuando regresa de sus viajes de gitano, toda "tarabiscoteada".

De ahí la necesidad de presentar una bibliografía reducida que apunte a abrir posibilidades y no a cercenar perspectivas. La presente ya es excesiva, el curioso lector sabrá perdonar tanta prodigalidad; el propósito único estriba en orientar y nada más.

Arango, Gustavo, *Un ramo de nomeolvides. Gabriel García Márquez en El Universal,* El Universal, Cartagena, 1995.

Armas Marcelo, J. J., "García Márquez y la verdadera historia de un asesinato olvidado", en *Tirios, troyanos y contemporáneos,* Editorial Playor, Madrid, 1987.

———, "García Márquez en los tiempos del sida", en *Tirios, troyanos y contemporáneos,* Editorial Playor, Madrid, 1987.

Canfield, Martha L., *Gabriel García Márquez,* Procultura, Bogotá, 1991.

Cebrián, Juan Luis, *Retrato de Gabriel García Márquez,* Círculo de Lectores / Galaxia Gutenberg, Barcelona, 1997.

Cobo Borda, Juan Gustavo, *Para que mis amigos me quieran más. Homenaje a Gabriel García Márquez,* Siglo del Hombre Editores, Bogotá, 1992.

———, *Para llegar a García Márquez,* Ediciones Temas de Hoy, Bogotá, 1997.

Fuenmayor, Alfonso, *Crónicas sobre el Grupo de Barranquilla,* Colcultura, Bogotá, 1978.

Fuentes, Carlos, "Gabriel García Márquez; la segunda lectura", en *La nueva novela hispanoamericana,* Cuadernos Joaquín Mortiz, México, 1969.

Galvis, Silvia, *Los García Márquez,* Arango Editores, Bogotá, 1996.

García Márquez, Eligio, *Son así,* Editorial Oveja Negra, Bototá, 1982.

García Usta, Jorge, *Cómo aprendió a escribir García Márquez,* Escribir Asesores Editores, Cartagena de Indias, 1995.

González Bermejo, Ernesto, "García Márquez: ahora doscientos años de soledad", en *Triunfo,* Nº 441, año XXV, Madrid, 14 de noviembre de 1970, pp. 12-18.

Harss, Luis, "Gabriel García Márquez o la cuerda floja", en *Los nuestros,* Editorial Sudamericana, Buenos Aires, 1966.

Levine, Suzanne Jill, *El espejo hablado,* Monte Ávila Editores, Caracas, 1975.

Mendoza, Plinio Apuleyo, *El olor de la guayaba,* Editorial Oveja Negra, Bogotá, 1982.

Rama, Ángel, *La narrativa de Gabriel García Márquez,* Colcultura, Bogotá, 1991.

Saldívar, Dasso, *García Márquez. El viaje a la semilla,* Alfaguara, Madrid, 1997.

Sorela, Pedro, *El otro García Márquez. Los años difíciles. Biografía,* Editorial Oveja Negra, Bogotá, 1989.

Vargas Llosa, Mario, *García Márquez. Historia de un deicidio,* Barral Editores, Barcelona, 1971.

Volkening, Ernesto, "Anotado al margen de *Cien años de soledad, de Gabriel García Márquez*", en *Eco,* Nº 87, t. XV / 3, Bogotá, julio de 1967.

———, "Gabriel García Márquez o el trópico desembrujado", en *Eco,* Nº 40, t. VII, Bogotá, 1963.

Zuluaga Osorio, Conrado, *Puerta abierta a Gabriel García Márquez,* Casiopea, Barcelona, 2001.

———, *Novela del dictador, dictadores de novela*, Carlos Valencia Editores, Bogotá, 1978.

Sumario

9
Mi vocación es la de prestidigitador

17
Los únicos hombres éramos mi abuelo y yo

25
Literatosis

39
Los amigos de Aureliano Babilonia

51
Otra vez la yerta capital

63
Caracas-Bogotá, La Habana-Nueva York

71
Al final del Sur está México

81
"La cueva de la mafia"

91
Como reguero de pólvora

97
Escribir en Europa es más barato

107
Una vez más, América de nuevo

117
Cronología y obra

127
Bibliografía

Este libro se terminó de imprimir en el mes de noviembre
del año 2005 en los talleres bogotanos
de Panamericana Formas e Impresos S. A.
En su composición se utilizaron tipos
Sabon, Bodoni Poster y Akzidens Grotesk
de la casa Adobe.